Fleischermeister Tom Nagel

Schinken selber machen

- kein Problem -

Impressum

Autor:	Tom Nagel
Text und Rezepte:	Tom Nagel
Herausgeber:	Peggy Triegel - Verlag Bauernende 5 39164 Wanzleben Tel.: 0178 - 1810398 E-mail: triegel-verlag@gmx.de
Satz und Gestaltung:	Katja von Roschinsky
Druck:	Druckerei / KOPA, druckerei-kopa.de
ISBN:	978-3-9818777-3-1

Ausgabe 2019

1. Auflage

Kontakt: Peggy Triegel - Verlag, Bauernende 5, 39164 Wanzleben-Börde

Fleischermeister Tom Nagel

Schinken selber machen

- kein Problem -

Autorenporträt

Tom Nagel wurde 1969 in Thüringen geboren und entdeckte schon frühzeitig seine Leidenschaft für Fleisch und Wurst.

Deshalb kam für ihn auch nur eine berufliche Tätigkeit in Frage, die den professionellen Umgang mit Fleisch beinhaltet.

Zunächst absolvierte er eine Ausbildung im Fleischerhandwerk, legte dann erfolgreich seine Gesellenprüfung ab und qualifizierte sich anschließend zum Fleischermeister weiter.

Heute lebt Tom Nagel mit seiner Familie in Bayern, betreibt dort eine Metzgerei und unterstützt zusätzlich seine Frau bei der Umsetzung neuer kulinarischer Ideen für ihren Partyservice.

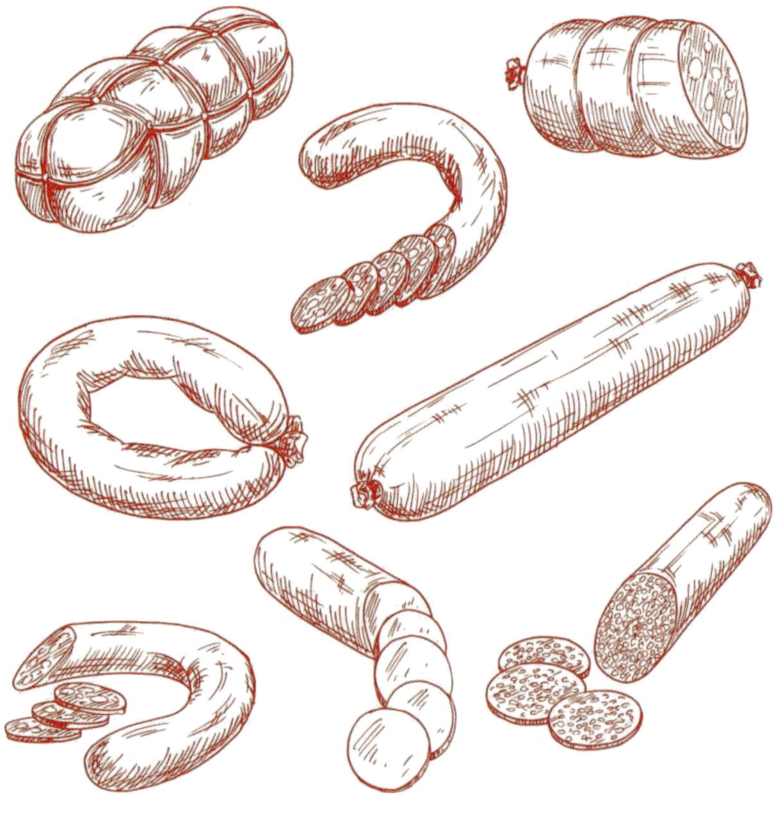

Vorwort

Wenn der allzu perfekt aussehende Schinken vom Discounter mal wieder eintönig und fade schmeckt und der leckere Schinken vom Metzger nebenan immer teurer wird, haben viele von Ihnen sicher schon einmal darüber nachgedacht, ihren Lieblingsschinken einfach selbst herzustellen.

Doch aller Anfang ist bekanntlich schwer...

Denn nicht nur eine gute Fleischqualität und sorgfältige Gewürzauswahl haben einen großen Einfluss auf die Qualität des fertigen Schinkens, sondern auch Faktoren wie die richtige Pökel- und Räucherdauer sowie das entsprechende Equipment.

Deshalb habe ich es mir in diesem Buch zur Aufgabe gemacht, Ihnen das notwendige Wissen für die Schinkenherstellung mit auf den Weg zu geben und meine langjährige Erfahrung im Räucherhandwerk mit Ihnen zu teilen.

Sie werden merken, dass das Schinken selber machen mit dem richtigen Wissen und der Lust zum Ausprobieren, gar nicht so schwer ist.

Und neben neuen geschmacklichen Aspekten, die sich durch die Verwendung eigener Gewürzmischungen ergeben, wissen sie auch noch ganz genau, woher das Fleisch für ihren Schinken stammt.

Also, worauf warten Sie noch?

Sie werden vom Geschmack und Aroma Ihres selbst hergestellten Schinkens begeistert sein…

Tom Nagel

Inhaltsübersicht

Inhaltsübersicht

Inhaltsübersicht

Inhaltsübersicht

Inhaltsübersicht

Inhaltsübersicht

Allgemeines zum Schinken

Als Schinken bezeichnet man entweder eine Schweinekeule im Ganzen oder die Einzelteile der Keule nach deren Zerlegung in Oberschale, Unterschale, Hüfte und Nuss.

Außerdem gibt es noch die sogenannten „schinkenähnlichen Produkte“, zu denen zum Beispiel Lachs-, Filet- und Kammschinken gehören.

Natürlich muss ein Schinken nicht unbedingt vom Schwein stammen. Leckere Sorten liefern auch Rind, Schaf, Ziege und Wild.

Dabei variiert der Geschmack, je nach Tierart und Schinkensorte, zwischen sehr mild bis zu kräftig-würzig.

Durch die jeweilige Herstellungsart kann zudem noch eine leichte oder starke Rauchnote des Schinkens hinzukommen.

Oftmals kann man von der Intensität des Raucharomas auch auf die Konsistenz des fertigen Schinkens schließen.

Schinken mit leichterer Rauchnote sind meist weicher und saftiger, weil sie kürzere Zeit geräuchert wurden.

Schinkenarten

Bei den Schinkenarten wird zwischen geräuchertem und luftgetrockneten Rohschinken sowie Kochschinken unterschieden.

Geräucherter Rohschinken
Zur Herstellung von geräuchertem Rohschinken wird das Fleisch vorher in Lake oder mit einer Salzmischung trocken gepökelt und dann geräuchert.

Luftgetrockneter Rohschinken
Dieser Schinken wird hauptsächlich in südeuropäischen Ländern hergestellt, da er besondere klimatische Bedingungen für seine Reifung benötigt.

Für seine Herstellung wird das jeweilige Fleischstück mit naturbelassenem Speisesalz, meist Meersalz, eingerieben und dann langsam, über mehrere Monate, an der Luft getrocknet. Die Reife- und Trocknungszeit kann bei besonders hochwertigen Schinken bis zu 3 Jahren betragen.

Typische Vertreter sind der italienische Parmaschinken, der spanische Serrano- und Ibèrico-Schinken sowie der französische Bayonner-Schinken.

Schinkenarten

Kochschinken
Kochschinken wird aus der Oberschale und Unterschale des Schweins hergestellt.

Hierfür wird das Fleisch zunächst mit einer 9%igen Salzlake spritzgepökelt und anschließend 2-3 Tage in eine ebenso starke Lake gelegt.

Durch Letzteres vermeidet man graue Stellen im fertigen Schinken.

Anschließend wird das Fleisch in eine Kochschinkenform gepresst und eine halbe Stunde in 100°C heißem Wasser gekocht. Danach senkt man die Wassertemperatur langsam auf 80°C ab und lässt den Kochschinken ca. eine Stunde je Kilogramm darin garen.

Aufbewahrung und Lagerung von Schinken

Kochschinken sowie heiß geräucherter Schinken sind nur ein paar Tage lagerfähig und müssen unbedingt im Kühlschrank aufbewahrt werden.

Rohschinken ist durch das vorherige Trocknen oder Räuchern bereits soweit konserviert, dass man ihn auch ohne Kühlung lagern kann.

Idealerweise wird Rohschinken in Räumen mit einer Temperatur zwischen 10°C und 15°C aufbewahrt. Auch die Lagerung im unteren Drittel des Kühlschranks ist möglich. Wichtig dabei ist, dass sich in der Nähe des Schinkens keine offenen, stark riechenden Lebensmittel befinden.

Damit der Schinken „atmen“ kann, darf er nicht fest eingepackt werden. Das lockere Einschlagen in Butterbrotpapier reicht vollkommen aus.

Um sein volles Aroma zu entfalten, sollte Rohschinken vor dem Verzehr eine Raumtemperatur von 17°C bis 20°C angenommen haben. Deshalb ist es ratsam, ihn mindestens 15 Minuten vor dem Aufschneiden aus dem Lagerraum oder Kühlschrank zu nehmen.

Rohschinken schneidet man zur optimalen Entfaltung seines Geschmacks in möglichst dünne Scheiben. Zum Aufschneiden sollte ein sehr scharfes Messer mit langer, schmaler Klinge benutzt werden. Im Handel sind spezielle Schinkenmesser erhältlich, die sich besonders gut dafür eignen.

Da in Scheiben geschnittener Rohschinken schnell austrocknet, sollte man auch nur die Menge aufschneiden, die bald verzehrt wird.

Fleisch für die Schinkenherstellung

Für die Schinkenherstellung sollte nur erstklassiges, gut gekühltes und qualitativ hochwertiges Fleisch verwendet werden.

Dabei sollte man bedenken, dass die Qualität nicht nur von der Frische des Fleisches abhängt. Wichtigen Einfluss haben auch Rasse, Alter, Gewicht und Geschlecht des geschlachteten Tieres sowie die Intensität seiner Mästung.

Alle diese Faktoren wirken sich auf die Farbe, Marmorierung, Konsistenz und den Fettgehalt im Muskelfleisch aus.

Für Laien ist qualitativ hochwertiges Fleisch ganz leicht an einer der Tierart entsprechenden Fleischfarbe sowie einem frischen und appetitlichen Aussehen erkennbar. Es darf auf keinen Fall schmierig sein und muss einen angenehmen, fleischtypischen Geruch aufweisen.

Teilstücke des Schweins

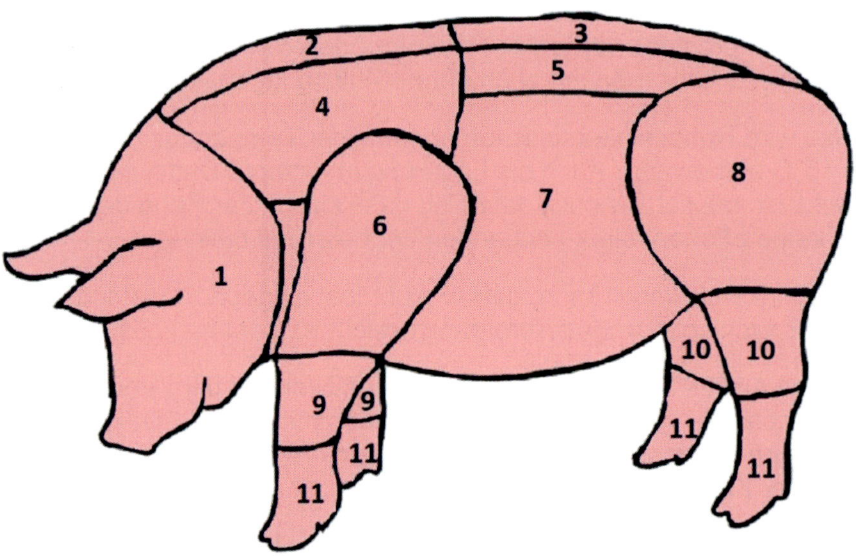

1. **Kopf mit Backen**
2. **Nackenspeck**
3. **Rückenspeck**
4. **Nacken / Kamm**
5. **Kotelett mit Filet**
6. **Schulter**
7. **Bauch**
8. **Keule / Schinken**
9. **Vordereisbein**
10. **Hintereisbein**
11. **Pfoten / Spitzbeine**

Biofleisch vs. konventionelles Fleisch

Bei der Frage, ob man **generell** Biofleisch den Vorzug geben sollte, scheiden sich die Geister.

Einigkeit herrscht natürlich darüber, dass die artgerechte Tierhaltung in der ökologischen Landwirtschaft optimaler als die konventionelle Tierhaltung ist.

Neben einer genau auf die Tierrasse abgestimmten bedarfs- und artgerechten Verwendung von Ökofutter ist dabei die flächengebundene Anzahl der Tiere sowie ein zur Verfügung stehender Auslauf im Freien vorgeschrieben und eine Schnellmästung verboten.

Diese Haltungsbedingungen führen wiederum dazu, dass Tiere aus ökologischer Landwirtschaft seltener erkranken und nur in Ausnahmefällen mit Medikamenten und Antibiotika behandelt werden müssen.

Dass sich all diese Faktoren positiv auf die Fleischqualität auswirken, ist unbestritten.

Allerdings verursachen die aufwändigeren Haltungsbedingungen für den Ökolandwirt auch höhere Kosten, die dann auf den Verbraucher umgelegt werden müssen.

Wer einen Beitrag zur artgerechteren Haltung von Nutztieren leisten möchte und bereit ist, für qualitativ höheres Fleisch auch einen höheren Preis zu bezahlen, sollte auf jeden Fall Biofleisch kaufen.

Der richtige Säuregehalt im Fleisch

Um den Säuregehalt von Lebensmitteln zu ermitteln, wird der ph-Wert gemessen. Ein ph-Wert von 7 ist neutral, bei einem niedrigeren Wert nimmt der Säuregehalt zu.

Der ph-wert von Fleisch liegt in der Regel zwischen 7 und 5, wobei gut gesäuertes Fleisch einen Wert von 5,8 bis 5,4 aufweist.

Auch bei der Schinkenherstellung ist ein niedriger ph-Wert von Vorteil, da sich bei gut gesäuertem Fleisch die Zellstruktur lockert und das Eindringen der Pökelstoffe verbessert wird.

Außerdem hemmt eine stärkere Säuerung die Vermehrung von Keimen und sorgt dadurch für eine längere Haltbarkeit von Fleisch und Schinken.

Die Fleischreifung

Den richtigen Säuregehalt erhält Fleisch durch eine fachgerechte Lagerung und Reifung nach der Schlachtung.

Klassische Reifungsmethoden sind das Abhängen und die Fleischreifung im Vakuum.

Die Dauer der Fleischreifung ist abhängig von der Tierart und ob das Fleisch anschließend gekocht, geschmort oder kurzgebraten werden soll.

Beim traditionellen Abhängen mit einer Umgebungstemperatur von ca. 4°C kann man sich an folgenden Richtzeiten orientieren:

- bis zu drei Tagen bei Schwein
- 2 - 3 Tage bei Kalb
- 4 - 5 Tage bei Lamm
- 1 Woche bei Schaf und Ziege
- 2 - 3 Wochen bei Wild
- 3 - 4 Wochen bei Rind

Fleischfehler

Weist die Beschaffenheit von Fleisch Qualitätsmängel auf, zum Beispiel wässriges oder zähes Fleisch, spricht man von Fleischfehlern.

Dabei kann das Fleisch sogar so minderwertig sein, dass es sich nur noch teilweise oder gar nicht mehr für den menschlichen Verzehr eignet.

Die bekanntesten Fleischfehler bei Schwein und Rind sind PSE- und DFD-Fleisch.

PSE - Fleisch

Die Abkürzung PSE steht für die englischen Begriffe **pale**, **soft,** und **exudative**. Charakterisiert wird damit Schweinefleisch, das blass, weich und wässrig ist.

Die Hauptursache für PSE - Fleisch ist die Überzüchtung der Tiere, was einen zu hohen Muskelfleisch- und zu geringen Fettanteil zur Folge hat.

PSE - Fleisch

Wenn diese Tiere dann durch das Verladen, den eigentlichen Transport oder die Betäubung vor dem Schlachten starkem Stress ausgesetzt sind, kommt es zum schnelleren Abbau ihrer Glykogenvorräte vor und während der Schlachtung.

Dies führt zu einer erhöhten Bildung von Milchsäure sowie einer daraus resultierenden Übersäuerung der gesamten Muskulatur und hat Veränderungen des Fleischeiweißes, des Muskelfarbstoffs Myoglobin und der Muskelstruktur zur Folge.

Obwohl PSE - Fleisch aufgrund seiner Konsistenz von minderwertiger Qualität ist, kann man es aus gesundheitlicher Sicht noch uneingeschränkt verzehren.

Für die Schinkenherstellung ist es allerdings ungeeignet, da mit diesem Fleisch hergestellter Schinken schlecht umröten und zu salzig schmecken würde.

Außerdem wäre der Gewichtsverlust nach dem Trocknen oder Räuchern unverhältnismäßig hoch.

DFD - Fleisch

DFD steht für die englischen Begriffe **dark**, **firm** und **dry**.

Bezeichnet wird damit dunkles, festes und trockenes Fleisch von Rindern und Schweinen.

DFD-Fleisch entsteht bei Tieren, die durch einen langen Transport oder durch länger andauernden Futtermangel vor der Schlachtung stark erschöpft sind.

Durch diese Erschöpfung kommt es zum schnellen Abbau der Glykogenvorräte in der Muskulatur der Tiere, führt dann zu einer unzureichenden Säurebildung nach der Schlachtung und hat letztendlich eine ungenügende Fleischreifung zur Folge.

Aufgrund der mangelhaften Qualität von DFD - Fleisch ist es nur noch bedingt für die Verarbeitung zu einigen Fleisch- und Wurstwaren geeignet.

Für die Herstellung von Schinken ist es ungeeignet.

Vom Fleisch zum Schinken

Pökeln

Damit ein Schinken zum Schinken wird, muss das Fleisch zuvor eingesalzen oder in einer Salzlake eingelegt werden.

Durch dieses „Pökeln“ wird das Fleisch konserviert, also durch das Eindringen der Pökelstoffe in Verbindung mit der Abgabe von Wasser haltbar gemacht.

Weiterhin wirkt sich das Pökeln positiv auf das Fleischaroma aus und führt durch die daraus resultierende Umrötung zur Bildung der typischen roten Pökelfarbe.

Gepökelt wird meistens Schweinefleisch, da es den Pökelvorgang durch seinen geringen Wassergehalt, seine feine Faserung und dem dazwischen liegenden Fettgewebe am besten verträgt.

Aber natürlich kann auch das Fleisch anderer Tierarten gepökelt werden.

Bei meinen nachfolgenden Rezepten ist stets angegeben, welches Teilstück von welcher Tierart sich für den jeweiligen Schinken am besten eignet.

Pökeldauer und Trocknung

Die Pökeldauer richtet sich nach dem Gewicht und der Form des Fleischstücks sowie danach, welcher Geschmack letztendlich erzielt werden soll.

Kleinere Fleischstücke, die später einen sehr würzigen Schinken ergeben sollen, können demnach genauso eine lange Pökeldauer haben wie größere Fleischstücke für einen milden Schinken.

Die Umgebungstemperatur beim Pökeln sollte idealerweise zwischen 5°C und 7°C liegen.

Fleischstücke, die nach dem Pökeln geräuchert werden sollen, müssen vorher einige Tage durchbrennen und trocknen.

Damit das Fleisch dafür sicher aufgehängt werden kann, sticht man entweder S-förmige Fleischerhaken oder Fleischerband direkt durch ein Fleischendstück.

Für die letztere Methode eignet sich am besten eine Spicknadel, in deren aufklappbare Öse ein Stück Fleischerband geklemmt wird.

Vom Fleisch zum Schinken

Die Nadel kann dann sehr einfach durch das Fleisch geführt und die Enden des Fleischerbandes sicher miteinander verknotet werden.

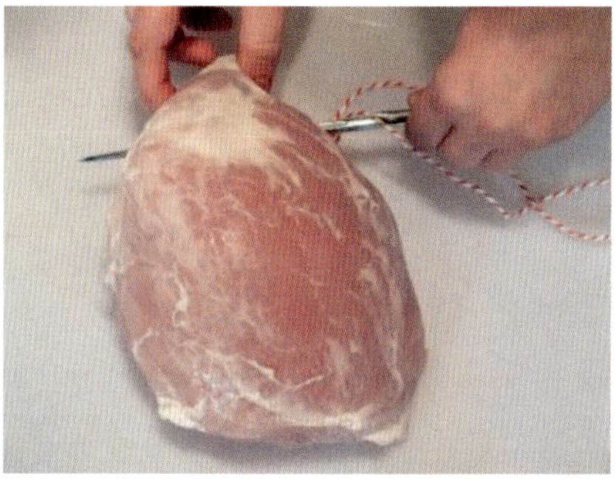

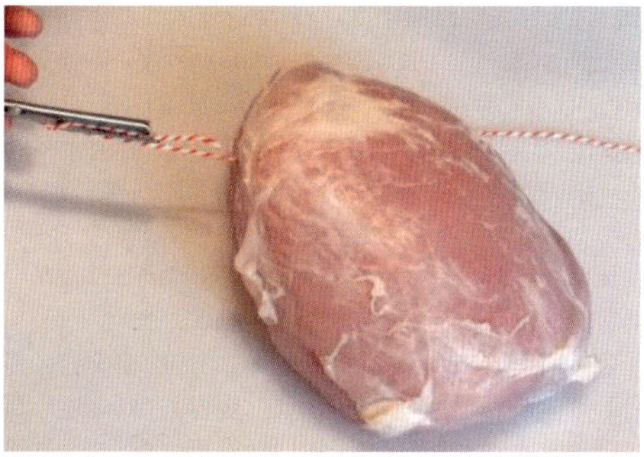

Anschließend hängt man das Fleischstück in einen kühlen, gut durchlüfteten aber zugfreien Raum.

Trockenpökeln

Trockenpökeln im Pökelgefäß – „Echtes Trockenpökeln"

Beim Trockenpökeln reibt man das Fleisch mehrfach mit Salz oder einer Mischung aus Salz und Gewürzen ein.

Damit nicht sofort haften gebliebenes Salz trotzdem mitverwendet wird, benutzt man dafür am besten eine Schüssel.

Fleischstücke mit einem geringeren Gewicht können anschließend zum Durchsalzen einige Tage aufgehängt werden.

Schwerere Fleischstücke legt man nach dem Einreiben mit der Schwartenseite nach unten und dicht nebeneinander in ein mit Salz ausgestreutes Pökelgefäß.

Soll eine größere Menge an Fleischstücken im Pökelgefäß Platz finden, müssen die Stücke anschließend übereinandergeschichtet werden. Dabei ist darauf zu achten, dass auch zwischen die jeweiligen Fleischschichten eine dünne Schicht Salz gestreut wird.

Je nach Gewicht werden die Fleischstücke dann mehrere Tage oder Wochen in einem ca. 5°C kühlen Raum gepökelt.

Trockenpökeln

Pökeldauer und Durchbrennen

Während des Trockenpökelns im Pökelgefäß sollte man Fleischstücke bis zu einem Gewicht von 5 kg zwei Mal und schwerere Stücke mindestens vier Mal wenden und die sich bildende Eigenlake ablassen.

Wenn sich mehrere Fleischstücke im Behälter befinden, müssen diese nicht nur gewendet, sondern auch von oben nach unten gepackt werden. Dadurch wird eine gleichmäßige Salzaufnahme erreicht.

Für die Berechnung der Pökeldauer gibt es zwei Faustregeln:

- je Kilogramm Fleisch ca. 3 Tage **oder**
- je Zentimeter Fleischdicke ca. 1 Tag

Möchte man sich an der Fleischdicke orientieren, muss an der stärksten Stelle gemessen werden.

Da sich aber jedes Fleischstück durch seinen natürlichen Ursprung im Fett- und Wassergehalt unterscheidet, kann die Pökeldauer natürlich auch etwas variieren.

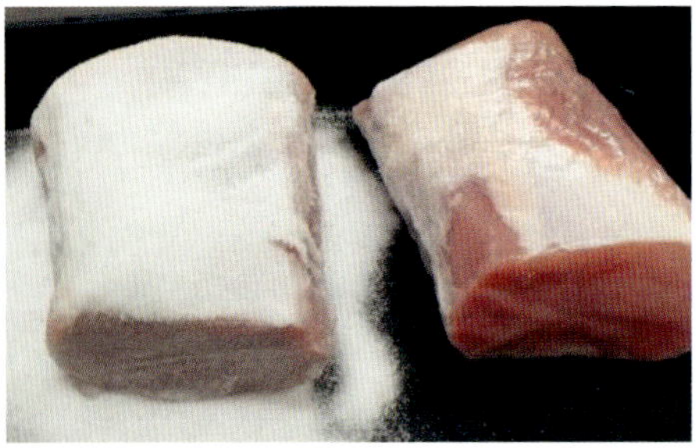

Nach dem Pökeln wird das Salz von den einzelnen Fleischstücken abgerieben und sie bleiben noch einige Tage zum so genannten „Durchbrennen“ im Pökelraum.

Durch diesen Prozess verteilt sich das Salz gleichmäßig im gesamten Fleischstück, was sich auf die Verstärkung des Aromas und die Stabilisierung der Pökelfarbe auswirkt. Außerdem wird das Fleisch dadurch zart und mürbe.

Zum Durchbrennen können leichtere Fleischstücke wieder aufgehängt werden und die schwereren Stücke packt man zurück in das vom Salz gesäuberte Pökelgefäß.

Trockenpökeln

Durchbrennen und Wässern

Die Dauer des Durchbrennens beträgt ungefähr die Hälfte der Pökeldauer und sollte in einem ca. 10°C kühlen Raum stattfinden.

Nach dem Durchbrennen wässert man das Fleisch 2-4 Stunden in kaltem Wasser. Dadurch werden Salzausschläge im fertigen Schinken vermieden und verhindert, dass er später im Außenbereich zu salzig schmeckt.

Anschließend wird das Fleisch einige Tage zum Trocknen aufgehängt. Es kann erst geräuchert werden, wenn es richtig trocken ist.

Trockenpökeln im Vakuumbeutel – „Pökeln in Eigenlake"

Wem das Pökeln im Pökelgefäß zu aufwendig ist oder wer keinen geeigneten Pökelraum zur Verfügung hat, kann sein Fleisch auch im Vakuumbeutel pökeln.

Hierbei muss allerdings Nitritpökelsalz verwendet werden, da normales Salz aufgrund seiner fehlenden bakterienhemmenden Eigenschaften zum Verderb des Fleisches führen würde.

Die Fleischstücke werden zunächst rundherum mit Pökelsalz oder einer Pökelsalz-Gewürzmischung eingerieben, einzeln in Folienbeutel verpackt und die Beutel mit Hilfe eines Vakuumiergerätes luftdicht verschlossen.

Beim Verschließen der Beutel muss unbedingt mit einem professionellen Vakuumiergerät gearbeitet werden - ein normales Folienschweißgerät reicht zum Herstellen des benötigten Vakuums nicht aus.

Die anschließende Aufbewahrung erfolgt im Kühlschrank. Dabei können auch mehrere Beutel übereinandergestapelt werden. Damit das Fleisch gleichmäßig durchpökelt, muss man den oder die Beutel während der gesamten Pökeldauer täglich wenden und das Fleisch etwas massieren.

Die ungefähre Pökeldauer beträgt je Zentimeter Fleischdicke ca. 1 Tag, wobei wieder an der stärksten Stelle des Fleisches gemessen wird. Durch den unterschiedlichen Fett- und Wassergehalt jedes Fleischstücks, kann aber auch hierbei wieder die Pökeldauer etwas variieren.

Nach dem Pökeln nimmt man das Fleisch aus dem Folienbeutel, wäscht es kurz unter fließendem kalten Wasser ab und tupft es dann trocken. Anschließend werden kleinere Stücke zum Trocknen einige Tage aufgehängt und größere Stücke dafür auf ein Gestell gelegt.

Erst wenn das Fleisch richtig trocken ist, kann es geräuchert werden.

Lakepökeln

Lakepökeln

Beim Lakepökeln wird das Fleisch in eine Salzlake gelegt, die aus Wasser und Nitritpökelsalz besteht. Hierfür füllt man die erforderliche Menge Wasser in ein Pökelgefäß mit entsprechender Größe, rührt dann das Pökelsalz solange ein bis es sich vollständig aufgelöst hat und gibt anschließend das Fleischstück zu.

Dabei ist unbedingt darauf zu achten, dass das Fleisch komplett mit Lake bedeckt ist. Andernfalls könnte es verderben.

Auch muss die Lake die erforderliche Mindestkonzentration an Salz enthalten, die mithilfe eines Lakemessers gemessen werden kann.

Zehn Liter 10%ige Lake werden beispielsweise aus 10 Litern Wasser hergestellt, in das man 1,11 kg Nitritpökelsalz einrührt.

In der Laketabelle auf Seite 24 finden Sie die genauen Mischungsverhältnisse von Pökelsalz und Wasser zur Herstellung einer bestimmten Lakekonzentration.

Auch die Zugabe von Gewürzen zur Salzlake ist üblich. Allerdings muss man diese Gewürzlake vor ihrer Verwendung zunächst aufkochen.

Dafür bringt man einen Teil der angerührten Salzlake zum Kochen, gibt dann die gewünschten Gewürze zu und lässt alles nochmals kurz aufkochen. Der sich dabei bildende Schaum ist normal und wird ganz einfach mit einer Schaumkelle abgeschöpft.

Danach muss die Gewürzlake vollkommen abkühlen, wird dann wieder in die Gesamtlake eingerührt und alles über das Fleischstück gegossen.

Die Dauer des Lakepökelns richtet sich nach dem Gewicht des Fleischstücks, nach dem Salzgrad der Lake und danach, welcher Geschmack erzielt werden soll. Je Kilogramm Fleisch beträgt sie ca. 8 Tage.

Zum Schutz vor Staub und Ungeziefer empfiehlt es sich, das Pökelgefäß die gesamte Pökeldauer über abzudecken. Damit die Lake nicht „kippt", also schlecht wird, darf das Gefäß aber nicht luftdicht verschlossen werden.

Nach dem Pökeln wird das Fleisch kurz unter kaltem Wasser abgespült, trocken getupft und dann zum kompletten Abtrocknen einige Tage im Pökelraum aufgehängt. Erst wenn es richtig trocken ist, kann es geräuchert werden.

Lakepökeln

Pökelsalz ins Wasser einrühren und die Fleischstücke zugeben.

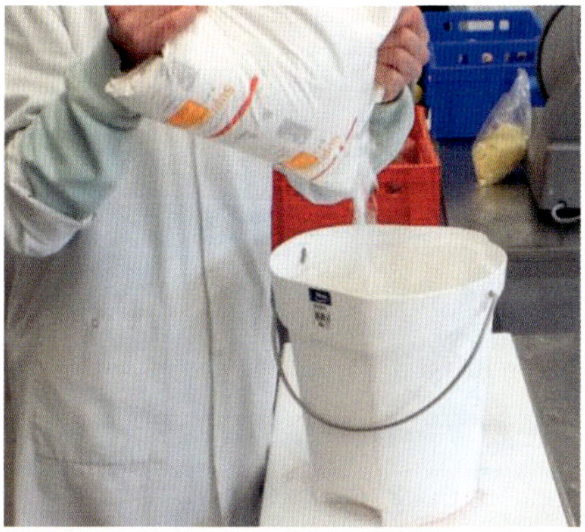
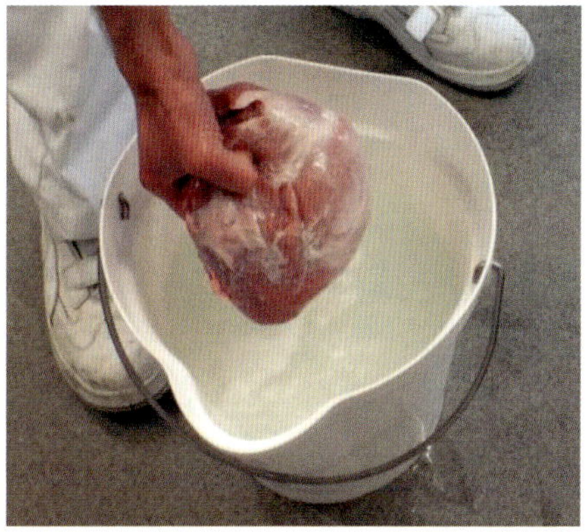
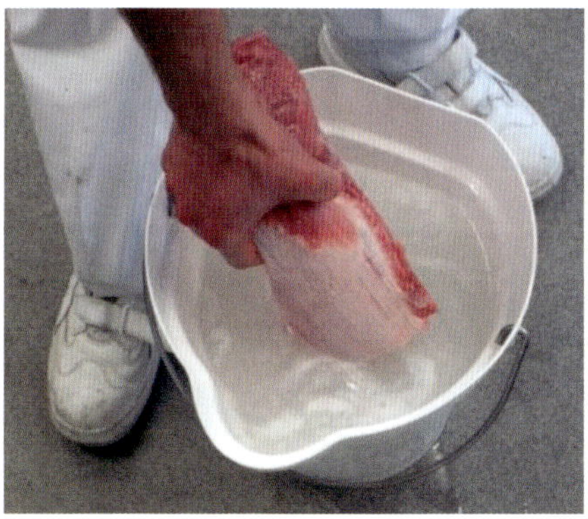

Fleisch nach dem Pökeln trocknen lassen und dann räuchern.

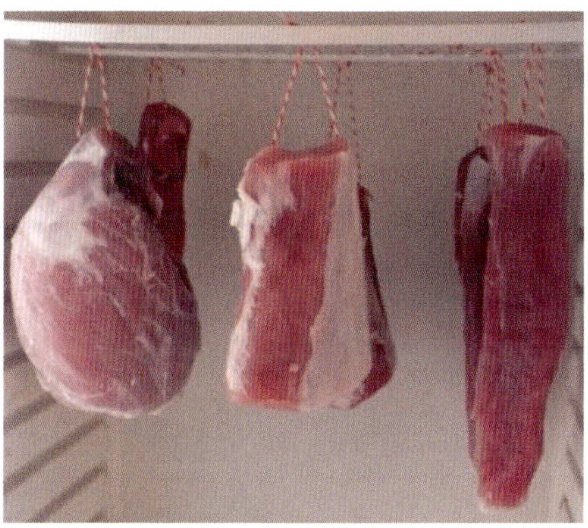

Laketabelle

Stärke der Lake in %	Wassermenge in Liter					
	2 L	4 L	5 L	6 L	8 L	10 L
	Salzmenge in Gramm					
5 %	105g	211g	263g	316g	421g	526g
6 %	128g	255g	319g	383g	511g	638g
7 %	151g	301g	376g	452g	602g	753g
8 %	174g	348g	435g	522g	696g	870g
9 %	198g	396g	495g	593g	791g	989g
10 %	222g	444g	556g	667g	889g	1111g
11 %	247g	494g	618g	742g	989g	1236g
12 %	273g	545g	682g	818g	1091g	1364g
13 %	299g	598g	747g	897g	1195g	1494g
14 %	326g	651g	814g	977g	1302g	1628g
15 %	353g	706g	882g	1059g	1412g	1765g

Spritzpökeln

Spritzpökeln

Beim Spritzpökeln, oder auch „Schnellpökeln“ genannt, spritzt man eine 10-12%ige Salzlake mit Hilfe einer Lakespritze in Abständen von 5cm direkt in das Fleisch. Die Menge der Lake sollte dabei 15% bis max. 20% des Fleischgewichts betragen.

Anschließend wird das Fleischstück in eine Lake mit gleicher Salzkonzentration gelegt.

Da beim Spritzpökeln der Pökelvorgang gleichmäßig von innen und außen stattfindet, ist die Pökelzeit unabhängig vom Fleischgewicht und beträgt immer 2-3 Tage.

Aufgrund der zusätzlichen Wasseraufnahme ist diese Pökelart aber nicht für die Herstellung von Rohschinken geeignet, sondern nur für Fleischstücke, die anschließend warm- oder heißgeräuchert werden.

Salz ist nicht gleich Salz

Auf den vorangegangenen Seiten wurde schon grob darauf eingegangen, welches Salz für welche Pökelart verwendet werden sollte.

Aufgrund der Wichtigkeit dieses Themas und damit ihr Schinken auch wirklich gelingt, möchte ich Ihnen die unterschiedlichen Salzsorten und deren Verwendung aber noch genauer erklären.

Speisesalz

Salz darf in Deutschland nur als Speisesalz verkauft werden, wenn es zu mindestens 97% aus Natriumchlorid besteht.

Das normale Speisesalz, so wie es jeder von uns kennt, wird im Handel auch unter den Namen Kochsalz oder feingemahlener als Tafelsalz angeboten.

Beim **Kochsalz** handelt es sich um ein industriell hergestelltes, raffiniertes Salz, das fast zu 100% aus Natriumchlorid besteht und kaum noch Mineralien und Spurenelemente enthält.

Damit es gut gestreut werden kann und nicht verklumpt, werden Rieselstoffe zugesetzt. Einige Kochsalze werden auch mit Jod und/oder Fluorid angereichert.

Salzarten

Naturbelassene Speisesalze

Zu den naturbelassenen Speisesalzen gehören Meersalz und Steinsalz, die nach ihrer Gewinnung lediglich gemahlen und gereinigt werden.

Meersalz und Steinsalz

Meersalz wird durch die Verdunstung von Meerwasser in künstlich angelegten Wasserbecken gewonnen. Es hat einen sehr hohen Reinheitsgrad, ist aber etwas milder im Geschmack als Kochsalz.

Steinsalz wird unter Tage aus tiefen Steinsalzschichten abgebaut. Der bekannteste Vertreter ist das Himalayasalz mit seiner weiß-rosa Farbe.

Nitritpökelsalz

Nitritpökelsalz ist ein fertiges Gemisch aus normalem Speisesalz, dem 0,4%-0,5% Natriumnitrit beigemischt wurden.

Es sorgt für eine bessere Umrötung des Fleisches, begünstigt die Bildung des typischen Pökelaromas und entzieht dem Fleisch Wasser.

Letzteres führt dazu, dass das Wachstum vieler Bakterien gehemmt und eine bessere Fleischkonservierung herbeigeführt wird.

Außerdem schützt Nitritpökelsalz das Fleisch vor Fett-Oxidation und damit letztendlich vor dem ranzig werden.

Leider hat die Verwendung von Nitritpökelsalz aber nicht nur Vorteile.

In etlichen Studien wurde bereits untersucht, ob ein Zusammenhang zwischen dem Verzehr von mit Nitritpökelsalz hergestellten Pökelwaren und einem erhöhten Krebsrisiko bestehen könnte.

Das übereinstimmende Ergebnis dieser Studien ist, dass der **übermäßige** Verzehr dieser Pökelwaren ein Gesundheitsrisiko darstellt oder der generelle Verzehr von **erhitzten**, also gebratenen, gegrillten oder gekochten Pökelwaren.

Deshalb verzichte ich dort, wo aus mikrobiologischer Sicht die Verwendung von Nitritpökelsalz nicht zwingend erforderlich ist, ganz auf dessen Einsatz und verwende für das Trockenpökeln meiner Schinken ausschließlich naturbelassene Speisesalze.

Salzarten

Speisesalz oder Nitritpökelsalz

In meinen nachfolgenden Rezepten lasse ich Ihnen aber selbstverständlich die Wahl, ob Sie beim Trockenpökeln ausschließlich Speisesalz oder zur Erzielung eines besseren Umrötungsergebnisses lieber eine Mischung aus Speisesalz und Nitritpökelsalz verwenden möchten.

Deshalb finden Sie in den Rezepten die jeweiligen Pökelmischungen beider Salzarten.

Das richtige Salz zum Pökeln

Salz zum Trockenpökeln

Das Trockenpökeln im Pökelgefäß bzw. „Echtes Trockenpökeln“ ist die **einzige** Pökelart, bei der komplett auf Nitritpökelsalz verzichtet werden kann.

Da dem Fleisch bei diesem Verfahren das Wasser schnell entzogen und die sich bildende Eigenlake abgelassen wird, haben schädliche Keime und Bakterien eine sehr geringe Lebensgrundlage.

Damit das Fleisch aber auch bei der Verwendung von reinem Speisesalz umrötet, muss dem Salz eine Menge von 3 bis 4 Gramm Rohr- oder Traubenzucker je Kilogramm Fleisch als natürlicher Hilfsstoff beigemischt werden.

Der Rotton des fertigen Schinkens wird allerdings nie so ausgeprägt sein, wie bei mit Nititpökelsalz hergestelltem Schinken.

Außerdem muss dieser Schinken schneller verzehrt werden, da seine Haltbarkeit begrenzter ist.

Als Speisesalzmenge verwende ich beim „Echten Trockenpökeln“ 40g Salz je Kilogramm Fleisch.

Bei der Verwendung von Nitritpökelsalz empfehle ich, eine Mischung aus 30g Speisesalz und 10g Nitritpökelsalz herzustellen.

Falls Ihnen der eine oder andere Schinken zu mild oder zu würzig sein sollte, können Sie die Salzmenge natürlich auch etwas variieren.

Salz zum Vakuumpökeln

Beim Vakuumpökeln pökelt das Fleisch mehrere Tage in der sich bildenden Eigenlake.

Das richtige Salz zum Pökeln

Salz zum Vakuumpökeln

Die fehlende Austrocknung des Fleisches würde bei der Verwendung von reinem Speisesalz dazu führen, dass sich Keime und Bakterien ungehindert vermehren können. Um dies zu verhindern, **muss** beim Vakuumpökeln Nitritpökelsalz verwendet werden.

Die konservierende Wirkung des Nitrits sorgt dafür, dass das Wachstum der Bakterien gehemmt wird und schützt das Fleisch damit vor dem vorzeitigen Verderb. Außerdem bekommt der Schinken eine stabile Rotfärbung.

Beim Vakuumpökeln verwende ich 35g Nitritpökelsalz je Kilogramm Fleisch. Zur Unterstützung der Umrötung gebe ich auch hierbei 3 bis 4 Gramm Rohr- oder Traubenzucker je kg Fleisch dazu.

Salz zum Lake- und Spritzpökeln

Da auch bei diesen beiden Pökelarten dem Fleisch kein Wasser entzogen wird, **muss** zur Wachstumshemmung von Keimen und Bakterien Nitripökelsalz verwendet werden.

Die genauen Mischungsverhältnisse von Wasser und Nitritpökelsalz gebe ich selbstverständlich in meinen jeweiligen Rezepten an.

Die Verwendung von Zucker

Wird beim Pökeln etwas Zucker zugegeben, verliert das Salz seine Schärfe und der fertige Schinken bekommt einen milderen Geschmack.

Außerdem fördert Zucker den Umrötungsprozess, weil er im Fleisch zu Säure abgebaut wird und dadurch der ph-Wert des Fleisches sinkt.

Unterschieden wird hierbei zwischen Einfach- und Zweifachzucker.

Da Einfachzucker, zu dem u.a. Traubenzucker gehört, schneller abgebaut wird als Zweifachzucker, sollte er bei kürzeren Pökelprozessen zugegeben werden. Somit ist seine Verwendung beim Lakepökeln oder Spritzpökeln empfehlenswert.

Zweifachzucker, wie z.B. Rohr- oder normaler Rübenzucker, müssen erst in Einfachzucker umgewandelt werden, damit sie den entsprechenden Bakterien zur Verfügung stehen. Deshalb sollte bei längeren Pökelzeiten die Zuckerzugabe je zur Hälfte aus Traubenzucker und aus Rohrzucker bestehen.

Je Kilogramm Fleisch verwendet man 3 bis 4 Gramm Zucker.

Räuchern

Räuchern ist eine der ältesten Konservierungsmethoden von Fleisch und sorgt dafür, dass der Schinken sein typisches Aroma und Aussehen erhält.

Das Räuchermaterial sollte möglichst von Harthölzern wie z.B. Buche und Eiche stammen, da andere Holzarten die Keimbildung im Fleisch fördern können.

Nur bei sehr wenigen Schinkensorten kommen auch Nadelhölzer als Räuchermaterial zum Einsatz.

Um ein würzigeres Räucheraroma zu bekommen, können dem Räuchermaterial getrocknete Wacholderzweige und Wacholderbeeren zugesetzt werden.

Damit ein voller und intensiver Geschmack erzielt wird, sollte man mit möglichst niedrigen Räuchertemperaturen arbeiten, für eine ausreichende Sauerstoffzufuhr sorgen und nur wirklich trockenes Holz und Sägemehl verwenden.

Beim Räuchern wird zwischen Kalträuchern, Warmräuchern und Heißräuchern unterschieden.

Räucherarten

Kalträuchern

Kalträuchern erfolgt bei gleichmäßigen Temperaturen zwischen 15°C und 25°C, die durch das langsame Verglimmen von feinem Räuchermehl erreicht werden.

Das Räuchermehl wird hierbei ca. 2cm hoch in den Glutkasten gefüllt und festgedrückt. Dadurch wird verhindert, dass das Mehl zu schnell verglimmt und zu hohe Temperaturen erzeugt.

Soll das Kalträuchern bei wärmeren Außentemperaturen erfolgen, kann man das Räuchermehl auch in Form eines „U“ in den Glutkasten füllen, festdrücken und dann entzünden. Dadurch wird erreicht, dass die Temperaturen im Räucherofen nicht zu stark ansteigen, weil wesentlich weniger Glut während des Verglimmens entsteht. Allerdings verlängert sich dadurch die Räucherdauer.

Beim Kalträuchern ist darauf zu achten, dass nur absolut trockenes Fleisch in den Räucherofen gehängt wird. Auch das Räuchermehl darf keinerlei Feuchtigkeit enthalten.

Kalträuchern

Kalträuchern - Räucherdauer

Während des Kalträucherns sollte das Fleisch pro Tag aber nicht länger als 8 - 10 Stunden durchgängig geräuchert werden. Danach wird eine ebenso lange Räucherpause eingelegt, in der das Fleisch „ruhen“ kann.

Wichtig ist auch, dass sich die Fleischstücke im Räucherofen nicht berühren, damit der Kaltrauch überall hingelangen kann.

Beim Kalträuchern wird das Fleisch bis zur Schnittfestigkeit getrocknet und erhält ein intensiveres Räucheraroma sowie eine deutlich längere Haltbarkeit als beim Warm- oder Heißräuchern.

Die Verwendung der nachfolgend aufgeführten Holzarten führt zur Erzeugung folgender Räucherfarben und Aromen:

- Buche: rotbraune Farbe und mild-rauchiges Aroma
- Linde oder Ahorn: gelbe Farbe und mildes Raucharoma
- Eiche: dunkelgelbe bis braune Farbe und kräftiges Aroma
- Erle: rotbraune Farbe und mittelstark rauchiges Aroma
- Apfelholz: rotbraune Farbe und mildsüßes Aroma
- Zwetschgenholz: rotbraune Farbe und feinwürziges Aroma
- Wacholder: dunkelbraune Farbe und intensives Aroma
- Nadelholz: schwarzbraune Farbe und intensives Aroma

Nach dem Kalträuchern sollte der Schinken noch einige Tage nachreifen. Dadurch wird eine weitere Austrocknung erreicht und er bekommt eine festere Konsistenz.

Zum Nachreifen hängt man den Schinken in einen 8°C - 12°C temperierten Raum mit guter Durchlüftung. Die Reifezeit sollte dabei mindestens der zurückliegenden Räucherdauer entsprechen.

Warm- und Heißräuchern

Warmräuchern

Warmräuchern erfolgt bei Temperaturen zwischen 30°C bis 50°C.

Dafür wird grobes Räuchermehl max. 1cm hoch in den Glutkasten gefüllt und dann entzündet.

Die Räucherdauer ist abhängig von der Fleischgröße und beträgt 1 - 24 Stunden.

Damit das Räuchergut nicht zu stark austrocknet, muss während des Räuchervorgangs für eine relative Luftfeuchtigkeit von ca. 80% gesorgt werden.

Die Vorteile des Warmräucherns bestehen darin, dass das Räuchergut schnell umrötet und ein gutes Raucharoma erhält. Ein typischer Vertreter für Warmgeräuchertes ist der klassische Kasseler.

Heißräuchern

Heiß geräuchert wird bei Temperaturen von 60°C bis 90°C, die durch das Abbrennen von Räucherspänen erreicht werden.

Die Räucherdauer ist abhängig vom Räuchergut und beträgt zwischen 1 - 3 Stunden.

Während des Räuchervorgangs sollte die relative Luftfeuchtigkeit 50% bis 60% betragen.

Heißräuchern eignet sich besonders für Fleischarten, die eine schnelle Umrötung, ein mildes Raucharoma und eine schöne Räucherfarbe erhalten sollen.

Da heißgeräucherte Fleischwaren aufgrund der fehlenden Konservierung nur eine kurze Haltbarkeit haben, müssen sie bald verzehrt werden.

Räuchermehl

Räuchermehl gibt es in unterschiedlichen Körnungen.

Zum Kalträuchern ist feines Räuchermehl mit einer Körnung von 0,4 mm - 1 mm empfehlenswert und zum Warmräuchern eine mittlere Körnung von 2 mm - 3 mm.

Für das Heißräuchern werden Räucherspäne verwendet.

Am besten lassen sich Räuchermehl oder Räucherspäne mit handelsüblichen Kartuschenbrennern, so wie sie auch beim Camping verwendet werden, entzünden.

Um dem Räuchergut eine raffiniertere Aromatisierung zu geben, kann man unter das trockene Räuchermaterial zerquetschte Wacholderbeeren, zerdrückte Kümmel- oder Pimentkörner sowie getrocknete Zwiebel- oder Apfelschalen mischen.

Wichtig dabei ist, dass das Räuchermehl absolut keine Feuchtigkeit mehr enthält.

Anordnung des Mehls als „U“

Hinweise zur Räucherdauer

Folgende Faktoren wirken sich auf die Räucherdauer aus:

- Wie groß ist der Räucherofen?
- Wie viele Lüftungsklappen befinden sich im Räucherofen und wie weit wurden diese geöffnet?
- Steht der Räucherofen windgeschützt?
- Welches Fassungsvermögen hat der Glutkasten, also wieviel Räuchermehl passt hinein?
- Welche Räuchermehlkörnung wird verwendet?
- Welche Temperatur wird im Räucherofen erreicht?
- Wie dicht ist die Rauchentwicklung?
- Welche Außentemperaturen herrschen?

Deshalb können die in den einzelnen Rezepten angegebenen Räucherzeiten lediglich als Richtzeiten dienen.

Sind Sie sich nicht sicher, ob ihr Schinken die gewünschte Räucherstufe erreicht hat, sollten Sie ihn einfach anschneiden und probieren.

Tipps für ein gutes Gelingen

Damit Ihr Schinken auch wirklich gelingt, beachten Sie bitte nachfolgende Hinweise:

1. Verwenden Sie nur qualitativ hochwertiges, gut gekühltes Fleisch.
2. Achten Sie darauf, dass beim Transport die Kühlkette nicht unterbrochen wird.
3. Verwenden Sie bei der Schinkenherstellung nur hygienisch einwandfreie Werkzeuge, Geräte und Zubehör.
4. Tragen Sie saubere Arbeitskleidung und reinigen Sie gründlich ihre Hände.
5. Verwenden Sie nur Lake mit der richtigen Konzentration. Zu wenig Salz führt zum schnelleren Verderb des Fleisches, zu viel Salz und/oder Zucker lässt die Lake „kippen".
6. Achten Sie auf die richtigen Temperaturen im Pökel- und Trockenraum.
7. Decken Sie das Pökelgefäß zum Schutz vor Staub und Insekten ab.
8. Hängen Sie das gepökelte Fleisch so auf, dass es vor Zugluft und Insekten geschützt ist.
9. Achten Sie beim Räuchern unbedingt auf die Einhaltung der entsprechenden Temperaturen.

Werkzeuge und Geräte für die Schinkenherstellung

Messer und Wetzstahl

Um Fleischstücke für die Herstellung von Schinken in die richtige Form zu schneiden oder zu zerkleinern, werden Messer in unterschiedlichen Ausführungen und Größen benötigt.

Dabei sollten nur qualitativ hochwertige und scharfe Messer verwendet werden, um Verletzungen zu vermeiden.

Zum regelmäßigen Schärfen der Messer benutzt man einen Wetzstahl. Beim Schärfen ist auf die richtige Messerhaltung zu achten.

Dazu muss die Schneide des Messers flach auf den Stahl aufgesetzt und dann 4 bis 5 Mal in langen Strichen, vom Körper weg, heruntergezogen werden.

SCHNEIDEBRETT

Schneidebretter zum Zerkleinern von Fleisch oder Kräutern gibt es in unterschiedlichen Größen.

Aus hygienischen Gründen und um das anschließende Reinigen zu erleichtern, sollten sie möglichst aus Kunststoff bestehen.

Küchenwaage und Gewürzwaage

Mit der Küchenwaage werden die verschiedenen Fleischstücke für die Schinkenherstellung abgewogen.

Digitale Gewürzwaagen kommen beim Abwiegen der jeweils benötigten Salz- und Gewürzmengen zum Einsatz.

Schüsseln

In Schüsseln werden die Zutaten der Pökelsalzmischungen miteinander vermengt und die jeweiligen Fleischstücke darin gewälzt oder damit eingerieben.

Pökelbehälter

Pökelbehälter können aus Kunststoff oder Edelstahl bestehen. In ihnen wird die Lake angerührt und das Fleisch gepökelt.

Für den Hausgebrauch sind Kunststoffeimer ausreichend, beim Pökeln größerer Mengen werden Kübel oder Wannen verwendet.

Zum Schutz vor Staub und Insekten sollten Pökelbehälter stets abgedeckt, aber dabei nicht luftdicht verschlossen werden.

Werkzeuge und Geräte für die Schinkenherstellung

Lakemesser
Der Lakemesser ist ein Gerät zum Messen des Salzgehaltes der Pökellake und schwimmt, je nach Konzentration der Lake, höher oder tiefer im Wasser.

Anhand einer Skala kann die Stärke der Lake abgelesen und je nach Bedarf noch Wasser oder Salz zugegeben werden.

Pökelspritze
Mit einer Pökelspritze wird beim Spritzpökeln die entsprechende Salzlake direkt in das Fleisch gespritzt.

Vakuumiergeät
Mit dem Vakuumiergerät werden einzeln in Folienbeutel verpackte Fleischstücke luftdicht verschlossen. Hierfür saugt das Gerät zuerst die Luft aus dem Folienbeutel und schweißt ihn danach zu. Für diesen Arbeitsgang sollte unbedingt ein professionelles Vakuumiergerät benutzt werden, da ein normales Folienschweißgerät zum Herstellen des benötigten Vakuums nicht ausreicht.

Fleischerhaken und Fleischerband
Fleischerhaken und Fleischerband werden zum Aufhängen der Schinken im Trockenraum und Räucherofen benötigt.

Hygrometer und Thermometer
Mit einem Hygrometer wird die Luftfeuchtigkeit in Räumen bestimmt und mit dem Thermometer die Raumtemperatur gemessen.

Werkzeuge und Geräte für die Schinkenherstellung

Räucherofen

Für die Räucherung kleinerer Fleischstücke, wie z.B. Filets, Lachs- oder Geflügelschinken, ist ein handelsüblicher Räucherofen mit den Mindestmaßen von ca. 120cm Höhe und ca. 40cm Breite vollkommen ausreichend.

Sollen größere Fleischstücke geräuchert werden, muss die Größe des Räucherofens entsprechend angepasst werden.

Er sollte aus Edelstahl bestehen und folgende Ausstattung aufweisen:

- mindestens zwei herausnehmbare Gitter zum Aufhängen der Fleischstücke
- mindestens vier Einschübe in unterschiedlicher Höhe für die Gitter
- einen Glutkasten mit Griff
- eine verstellbare Lüftungsklappe mit integriertem Fliegenschutz in Höhe des Glutkastens
- eine verstellbare Lüftungsklappe mit integriertem Fliegenschutz an der oberen Abdeckung des Ofens
- ein Thermometer

Korianderschinken

Material
Schweineunterschale
mit Schwarte

Zutaten je kg Fleisch
40 g Meersalz
2 g Traubenzucker
2 g Rohrzucker
2 g schwarzer Pfeffer
2 g Koriander, gemahlen
4 Wacholderbeeren, zerstoßen

oder

Zutaten je kg Fleisch
30 g Meersalz
10 g Nitritpökelsalz
2 g Traubenzucker
2 g Rohrzucker
2 g schwarzer Pfeffer
2 g Koriander, gemahlen
4 Wacholderbeeren, zerstoßen

Zubereitung

1. Alle Zutaten miteinander vermischen und die Schweineunterschale gut mit der Salz- oder Pökelsalzmischung einreiben.
2. Dann die Unterschale in ein geeignetes Gefäß legen und, je nach Fleischdicke, ca. 6-8 Tage in einen ca. 5°C kühlen Raum oder in den Kühlschrank stellen.
3. Anschließend das Salz abreiben und das Fleisch einige Tage zum Durchbrennen in einen ca. 10°C kühlen Raum stellen oder hängen.
4. Nach dem Durchbrennen das Fleisch 2-4 Stunden in kaltem Wasser wässern, dann 3 Tage zum Trocknen aufhängen und anschließend im Kaltrauch räuchern.
5. Die Räucherdauer ist abhängig von der Außen- und Räuchertemperatur und beträgt ca. 4 x 8 Stunden.
6. Zwischen den einzelnen Räuchergängen sind Räucherpausen von mindestens 8 Stunden einzulegen in denen das Fleisch „ruhen“ kann.
7. Danach hängt man den Korianderschinken zum Nachreifen in einen 8 -12°C kühlen Raum.
8. Die Reifezeit sollte mindestens der zurückliegenden Räucherdauer entsprechen.

Wacholderschinken

Material

Schweineunterschale mit Schwarte

Zutaten je kg Fleisch

35 g Nitritpökelsalz
2 g Traubenzucker
2 g Rohrzucker
8 Wacholderbeeren, zerstoßen

Zubereitung

1. Alle Zutaten miteinander vermischen und die Schweineunterschale gut mit der Pökelsalzmischung einreiben.

2. Dann wird die Unterschale in einen Folienbeutel gepackt und der Beutel mit Hilfe eines Vakuumiergeräts luftdicht verschlossen.

3. Das Fleisch anschließend, je nach Fleischdicke, 6-8 Tage in den Kühlschrank legen und den Folienbeutel dabei täglich wenden.

4. Nach dem Pökeln die Unterschale aus dem Folienbeutel nehmen, kurz unter fließend kaltem Wasser abwaschen und trocken tupfen.

5. Anschließend hängt man sie 3 Tage zum Trocknen auf und räuchert sie dann im Kaltrauch.

6. Die Räucherdauer ist abhängig von der Außen- und Räuchertemperatur und beträgt ca. 4 x 8 Stunden.

7. Zwischen den einzelnen Räuchergängen sind Räucherpausen von mindestens 8 Stunden einzulegen in denen das Fleisch „ruhen“ kann.

8. Danach hängt man den Wacholderschinken zum Nachreifen in einen 8 -12°C kühlen Raum.

9. Die Reifezeit sollte mindestens der zurückliegenden Räucherdauer entsprechen.

Kümmelschinken

Material

Schweinehüfte

Lakestärke: 10 %

Gewürze je Liter Lake

5 g	Kümmel, ganz
2	Pfefferkörner
2	Wacholderbeeren

Zubereitung

1. Durch das Einrühren von Nitritpökelsalz in Wasser eine 10%ige Lake herstellen. Die genauen Mischungsverhältnisse sind in der Laketabelle auf Seite 24 aufgeführt. Es muss so viel Lake hergestellt werden, dass das Fleisch später gut bedeckt ist.

2. Dann die Gewürze mit einem Teil der Lake ca. 2 Minuten aufkochen, den sich eventuell gebildeten Schaum abschöpfen und die Lake nach dem Abkühlen wieder der Gesamtlake beirühren.

3. Die Schweinehüfte in ein geeignetes Gefäß legen, mit der Lake übergießen und zum Pökeln in einen 5°C kühlen Raum oder in den Kühlschrank stellen. Die Pökeldauer beträgt je kg Fleisch ca. 8 Tage.

4. Nach dem Pökeln das Fleisch kurz unter kaltem Wasser abspülen, trocken tupfen und ca. 3 Tage zum Trocknen aufhängen.

5. Anschließend wird der Kümmelschinken ca. 3 x 8 Stunden kalt geräuchert, wobei Räucherpausen von mindestens 8 Stunden einzulegen sind, in denen das Fleisch „ruhen“ kann.

6. Danach hängt man den Kümmelschinken zum Nachreifen in einen 8 -12°C kühlen Raum.

7. Die Reifezeit sollte mindestens der zurückliegenden Räucherdauer entsprechen.

Gewürzschinken

Material
Schweinelachs

Zutaten je kg Fleisch

35 g Nitritpökelsalz
2 g Traubenzucker
2 g Rohrzucker
2 g weißer Pfeffer
2 g Paprika, edelsüß
1 g Koriander, gemahlen
1 g Ingwer, gemahlen

Zubereitung

1. Den Schweinelachs in ca. 1 kg große Stücke teilen, alle Zutaten miteinander vermischen und das Fleisch gut damit einreiben.

2. Dann wird das Fleisch in Folienbeutel gepackt und die Beutel mit Hilfe eines Vakuumiergeräts luftdicht verschlossen.

3. Den Lachs anschließend, je nach Fleischdicke, 7-8 Tage in den Kühlschrank legen und die Folienbeutel dabei täglich wenden.

4. Nach dem Pökeln das Fleisch aus den Folienbeuteln nehmen, kurz unter fließend kaltem Wasser abwaschen und trocken tupfen.

5. Anschließend hängt man den Lachs 3 Tage zum Trocknen auf und räuchert ihn dann im Kaltrauch.

6. Die Räucherdauer ist abhängig von der Außen- und Räuchertemperatur und beträgt ca. 3 x 8 Stunden.

7. Zwischen den einzelnen Räuchergängen sind Räucherpausen von mindestens 8 Stunden einzulegen in denen das Fleisch „ruhen" kann.

8. Danach hängt man den Gewürzschinken zum Nachreifen in einen 8 -12°C kühlen Raum.

9. Die Reifezeit sollte mindestens der zurückliegenden Räucherdauer entsprechen.

Paprika-Nussschinken

Material
Schweinenuss

Zutaten je kg Fleisch

40 g Meersalz
2 g Traubenzucker
2 g Rohrzucker
5 g Paprika, edelsüß
1 g schwarzer Pfeffer
3 Wacholderbeeren, zerstoßen

oder

Zutaten je kg Fleisch

30 g Meersalz
10 g Nitritpökelsalz
2 g Traubenzucker
2 g Rohrzucker
5 g Paprika, edelsüß
1 g schwarzer Pfeffer
3 Wacholderbeeren, zerstoßen

Zubereitung

1. Alle Zutaten miteinander vermischen und die Schweinenuss gut mit der Salz- oder Pökelsalzmischung einreiben.

2. Dann die Schweinenuss in ein geeignetes Gefäß legen und, je nach Fleischdicke, ca. 10-12 Tage in einen ca. 5°C kühlen Raum oder in den Kühlschrank stellen.

3. Anschließend das Salz abreiben und das Fleisch einige Tage zum Durchbrennen in einen ca. 10°C kühlen Raum stellen oder hängen.

4. Nach dem Durchbrennen das Fleisch 2-4 Stunden in kaltem Wasser wässern, dann 3 Tage zum Trocknen aufhängen und anschließend im Kaltrauch räuchern.

5. Die Räucherdauer ist abhängig von der Außen- und Räuchertemperatur und beträgt ca. 4 x 8 Stunden.

6. Zwischen den einzelnen Räuchergängen sind Räucherpausen von mindestens 8 Stunden einzulegen in denen das Fleisch „ruhen“ kann.

7. Danach hängt man den Paprika-Nusschinken zum Nachreifen in einen 8 -12°C kühlen Raum.

8. Die Reifezeit sollte mindestens der zurückliegenden Räucherdauer entsprechen.

Burgunderschinken aus der Nuss

Material
Schweinenuss

Lakestärke: 10 %

Zutaten je Liter Lake

1,0 g	Pfeffer, gemahlen
0,5 g	Piment, gemahlen
0,5 g	Ingwer, gemahlen
30 g	Roter Burgunder
½	Lorbeerblatt

Zubereitung

1. Durch das Einrühren von Nitritpökelsalz in Wasser eine 10%ige Lake herstellen. Die genauen Mischungsverhältnisse sind in der Laketabelle auf Seite 24 aufgeführt. Es muss so viel Lake hergestellt werden, dass das Fleisch später gut bedeckt ist.

2. Dann alle Zutaten, außer dem Wein, mit einem Teil der Lake ca.2 Minuten aufkochen, den sich eventuell gebildeten Schaum abschöpfen und die Lake nach dem Abkühlen, zusammen mit dem Wein, wieder der Gesamtlake beirühren.

3. Das Fleisch in ein geeignetes Gefäß legen, mit der Lake übergießen und zum Pökeln in einen 5°C kühlen Raum oder in den Kühlschrank stellen. Die Pökeldauer beträgt je kg Fleisch ca. 8 Tage.

4. Nach dem Pökeln das Fleisch kurz unter kaltem Wasser abspülen, trocken tupfen und ca. 3 Tage zum Trocknen aufhängen.

5. Anschließend wird der Burgunderschinken ca. 3 x 8 Stunden kalt geräuchert, wobei Räucherpausen von mindestens 8 Stunden einzulegen sind, in denen das Fleisch „ruhen“ kann.

6. Danach hängt man den Burgunderschinken zum Nachreifen in einen 8 -12°C kühlen Raum.

7. Die Reifezeit sollte mindestens der zurückliegenden Räucherdauer entsprechen.

Mediterraner Filetschinken

Material

Schweinefilets

Lakestärke: 8 %

Zutaten je Liter Lake

4 g Knoblauch, gehackt
2 g Brauner Rohrzucker
1 g Rosmarin, gerebelt
1 g Oregano, gerebelt
1 g Majoran, gerebelt
1 g Koriander, gemahlen

Zubereitung

1. Durch das Einrühren von Nitritpökelsalz in Wasser eine 8%ige Lake herstellen. Die genauen Mischungsverhältnisse sind in der Laketabelle auf Seite 24 aufgeführt. Es muss so viel Lake hergestellt werden, dass das Fleisch später gut bedeckt ist.

2. Dann alle Zutaten mit einem Teil der Lake ca. 2 Minuten aufkochen, den sich eventuell gebildeten Schaum abschöpfen und die Lake nach dem Abkühlen wieder der Gesamtlake beirühren.

3. Die Filets in ein geeignetes Gefäß legen, mit der Lake übergießen und zum Pökeln in einen 5°C kühlen Raum oder in den Kühlschrank stellen. Die Pökeldauer beträgt ca. 2 Tage.

4. Nach dem Pökeln das Fleisch kurz unter kaltem Wasser abspülen, trocken tupfen und ca. 3 Tage zum Trocknen aufhängen.

5. Anschließend wird der Mediterrane Filetschinken ca. 3 x 8 Stunden geräuchert, wobei Räucherpausen von mindestens 8 Stunden einzulegen sind, in denen das Fleisch „ruhen“ kann.

6. Danach hängt man den Filetschinken zum Nachreifen in einen 8 -12°C kühlen Raum.

7. Die Reifezeit sollte mindestens der zurückliegenden Räucherdauer entsprechen.

Chili-Filets

Material
Schweinefilets

Zutaten je kg Fleisch
35 g Nitritpökelsalz
2 g Traubenzucker
2 g Rohrzucker
3 g Chilipulver
1 g schwarzer Pfeffer

Zubereitung

1. Alle Zutaten miteinander vermischen und die Schweinefilets gut mit der Pökelsalzmischung einreiben.

2. Dann werden die Filets in einen oder mehrere Folienbeutel gepackt und die Beutel mit Hilfe eines Vakuumiergeräts luftdicht verschlossen.

3. Das Fleisch anschließend 4 Tage in den Kühlschrank legen und den/die Folienbeutel dabei täglich wenden.

4. Nach dem Pökeln die Schweinefilets aus den Folienbeuteln nehmen, kurz unter fließend kaltem Wasser abwaschen und trocken tupfen.

5. Anschließend hängt man sie 2 Tage zum Trocknen auf und räuchert sie dann im Kaltrauch.

6. Die Räucherdauer ist abhängig von der Außen- und Räuchertemperatur und beträgt ca. 3 x 8 Stunden.

7. Zwischen den einzelnen Räuchergängen sind Räucherpausen von mindestens 8 Stunden einzulegen in denen das Fleisch „ruhen“ kann.

8. Danach hängt man die Chili-Filets zum Nachreifen in einen 8 -12°C kühlen Raum

9. Die Reifezeit sollte mindestens der zurückliegenden Räucherdauer entsprechen.

Hochprozentiger Lummerschinken

Material

Schweinerücken

Zutaten je kg Fleisch

40 g Meersalz
2 g Traubenzucker
2 g Rohrzucker
1 g weißer Pfeffer
1 g Knoblauchpulver
5 g Whiskey
2 Wacholderbeeren, zerstoßen

oder

Zutaten je kg Fleisch

30 g Meersalz
10 g Nitritpökelsalz
2 g Traubenzucker
2 g Rohrzucker
1 g weißer Pfeffer
1 g Knoblauchpulver
5 g Whiskey
2 Wacholderbeeren, zerstoßen

Zubereitung

1. Alle Zutaten miteinander vermischen und den Schweinerücken gut mit der Salz- oder Pökelsalzmischung einreiben.

2. Dann den Rücken ein geeignetes Gefäß legen und, je nach Fleischdicke, ca. 10-12 Tage in einen ca. 5°C kühlen Raum oder in den Kühlschrank stellen.

3. Anschließend das Salz abreiben und das Fleisch einige Tage zum Durchbrennen in einen ca. 10°C kühlen Raum stellen oder hängen.

4. Nach dem Durchbrennen das Fleisch 2-4 Stunden in kaltem Wasser wässern, dann 3 Tage zum Trocknen aufhängen und anschließend im Kaltrauch räuchern.

5. Die Räucherdauer ist abhängig von der Außen- und Räuchertemperatur und beträgt ca. 4 x 8 Stunden.

6. Zwischen den einzelnen Räuchergängen sind Räucherpausen von mindestens 8 Stunden einzulegen in denen das Fleisch „ruhen“ kann.

7. Danach hängt man den Hochprozentigen Lummerschinken zum Nachreifen in einen 8-12°C kühlen Raum.

8. Die Reifezeit sollte mindestens der zurückliegenden Räucherdauer entsprechen.

Gourmet-Lachsschinken

Material
Schweinelachs

Lakestärke: 10 %

Zutaten je Liter Lake

5 g Knoblauch, gehackt
2 g schwarzer Pfeffer
1 g Koriander, gemahlen
1 g Thymian, gerebelt
1 g Majoran, gerebelt
1 g Piment, gerebelt

Zubereitung

1. Durch das Einrühren von Nitritpökelsalz in Wasser eine 10%ige Lake herstellen. Die genauen Mischungsverhältnisse sind in der Laketabelle auf Seite 24 aufgeführt. Es muss so viel Lake hergestellt werden, dass das Fleisch später gut bedeckt ist.

2. Dann alle Zutaten mit einem Teil der Lake ca. 2 Minuten aufkochen, den sich eventuell gebildeten Schaum abschöpfen und die Lake nach dem Abkühlen wieder der Gesamtlake beirühren.

3. Den Lachs in ein geeignetes Gefäß legen, mit der Lake übergießen und zum Pökeln in einen 5°C kühlen Raum oder in den Kühlschrank stellen. Die Pökeldauer beträgt je kg Fleisch ca. 8 Tage.

4. Nach dem Pökeln das Fleisch kurz unter kaltem Wasser abspülen, trocken tupfen und ca. 3 Tage zum Trocknen aufhängen.

5. Anschließend räuchert man den Gourmet-Lachsschinken ca. 3 x 8 Stunden, wobei Räucherpausen von mindestens 8 Stunden einzulegen sind, in denen das Fleisch „ruhen“ kann.

6. Danach hängt man den Schinken zum Nachreifen in einen 8 -12°C kühlen Raum.

7. Die Reifezeit sollte mindestens der zurückliegenden Räucherdauer entsprechen.

Schinken nach Schwarzwälder Art

Material

Schweineunterschale mit Schwarte

Zutaten je kg Fleisch

40 g Meersalz
2 g Traubenzucker
2 g Rohrzucker
2 g schwarzer Pfeffer
1 g Knoblauchpulver
1 g Koriander, gemahlen
3 Wacholderbeeren, zerstoßen

oder

Zutaten je kg Fleisch

30 g Meersalz
10 g Nitritpökelsalz
2 g Traubenzucker
2 g Rohrzucker
2 g schwarzer Pfeffer
1 g Knoblauchpulver
1 g Koriander, gemahlen
3 Wacholderbeeren, zerstoßen

Zubereitung

1. Alle Zutaten miteinander vermischen und die Schweineunterschale gut mit der Salz- oder Pökelsalzmischung einreiben.

2. Dann die Unterschale ein geeignetes Gefäß legen und, je nach Fleischdicke, ca. 6-8 Tage in einen ca. 5°C kühlen Raum oder in den Kühlschrank stellen.

3. Anschließend das Salz abreiben und das Fleisch einige Tage zum Durchbrennen in einen ca. 10°C kühlen Raum stellen oder hängen.

4. Nach dem Durchbrennen das Fleisch 2-4 Stunden in kaltem Wasser wässern, dann 3 Tage zum Trocknen aufhängen und anschließend im Kaltrauch räuchern.

5. Die Räucherdauer ist abhängig von der Außen- und Räuchertemperatur und beträgt ca. 4 x 8 Stunden.

6. Damit der Schinken seine dunkle, kräftige Farbe bekommt, nimmt man zum Räuchern Räuchermehl von der Fichte.

7. Zwischen den einzelnen Räuchergängen sind Räucherpausen von mindestens 8 Stunden einzuhalten.

8. Danach hängt man den Schinken nach Schwarzwälder Art zum Nachreifen in einen 8-12°C kühlen Raum, wobei die Reifezeit mindes tens der zurückliegenden Räucherdauer entsprechen sollte.

Christmas - Schinken

Material
Schweineoberschale

Zutaten je kg Fleisch
40 g Meersalz
2,0 g Traubenzucker
2,0 g Rohrzucker
1,0 g weißer Pfeffer
1,0 g Nelken, gemahlen
0,5 g Koriander, gemahlen
0,5 g Sternanis, gemahlen
0,5 g Zimt, gemahlen

oder

Zutaten je kg Fleisch
30 g Meersalz
10 g Nitritpökelsalz
2,0 g Traubenzucker
2,0 g Rohrzucker
1,0 g weißer Pfeffer
1,0 g Nelken, gemahlen
0,5 g Koriander, gemahlen
0,5 g Sternanis, gemahlen
0,5 g Zimt, gemahlen

Zubereitung

1. Alle Zutaten miteinander vermischen und die Schweineoberschale gut mit der Salz- oder Pökelsalzmischung einreiben.

2. Dann die Oberschale ein geeignetes Gefäß legen und, je nach Fleischdicke, ca. 8-10 Tage in einen ca. 5°C kühlen Raum oder in den Kühlschrank stellen.

3. Anschließend das Salz abreiben und das Fleisch einige Tage zum Durchbrennen in einen ca. 10°C kühlen Raum stellen oder hängen.

4. Nach dem Durchbrennen das Fleisch 2-4 Stunden in kaltem Wasser wässern, dann 3 Tage zum Trocknen aufhängen und anschließend im Kaltrauch räuchern.

5. Die Räucherdauer ist abhängig von der Außen- und Räuchertemperatur und beträgt ca. 4 x 8 Stunden.

6. Zwischen den einzelnen Räuchergängen sind Räucherpausen von mindestens 8 Stunden einzulegen in denen das Fleisch „ruhen“ kann.

7. Anschließend hängt man den Christmas-Schinken zum Nachreifen in einen 8-12°C kühlen Raum.

8. Die Reifezeit sollte mindestens der zurückliegenden Räucherdauer entsprechen.

Deftiger Kammschinken

Material
Schweinekamm

Lakestärke: 10 %

Zutaten je Liter Lake

2 g Brauner Rohrzucker
2 Pfefferkörner
2 Wacholderbeeren
1 Lorbeerblatt

Zubereitung

1. Durch das Einrühren von Nitritpökelsalz in Wasser eine 10%ige Lake herstellen. Die genauen Mischungsverhältnisse sind in der Laketabelle auf Seite 24 aufgeführt. Es muss so viel Lake hergestellt werden, dass das Fleisch später gut bedeckt ist.

2. Dann alle Zutaten mit einem Teil der Lake ca. 2 Minuten aufkochen, den sich eventuell gebildeten Schaum abschöpfen und die Lake nach dem Abkühlen wieder der Gesamtlake beirühren.

3. Den Kamm in ein geeignetes Gefäß legen, mit der Lake übergießen und zum Pökeln in einen 5°C kühlen Raum oder in den Kühlschrank stellen. Die Pökeldauer beträgt je kg Fleisch ca. 8 Tage.

4. Nach dem Pökeln den Kamm kurz unter kaltem Wasser abspülen, trocken tupfen und ca. 3 Tage zum Trocknen aufhängen.

5. Anschließend wird der Deftige Kammschinken ca. 3 x 8 Stunden geräuchert, wobei Räucherpausen von mindestens 8 Stunden einzulegen sind, in denen das Fleisch „ruhen“ kann.

6. Danach hängt man den Schinken zum Nachreifen in einen 8 -12°C kühlen Raum.

7. Die Reifezeit sollte mindestens der zurückliegenden Räucherdauer entsprechen.

Bauerngeräuchertes

Material
Schweineunterschale mit Schwarte

Zutaten je kg Fleisch

35 g Nitritpökelsalz
2 g Traubenzucker
2 g Rohrzucker
1 g Koriander, gemahlen
1 g Knoblauchpulver
1 g Zwiebelpulver

Zubereitung

1. Alle Zutaten miteinander vermischen und die Schweineunterschale gut mit der Pökelsalzmischung einreiben.
2. Dann wird die Unterschale in einen Folienbeutel gepackt und der Beutel mit Hilfe eines Vakuumiergeräts luftdicht verschlossen.
3. Das Fleisch anschließend, je nach Fleischdicke, 6-8 Tage in den Kühlschrank legen und den Folienbeutel dabei täglich wenden.
4. Nach dem Pökeln die Unterschale aus dem Folienbeutel nehmen, kurz unter fließend kaltem Wasser abwaschen und trocken tupfen.
5. Anschließend hängt man sie 3 Tage zum Trocknen auf und räuchert sie dann im Kaltrauch.
6. Die Räucherdauer ist abhängig von der Außen- und Räuchertemperatur und beträgt ca. 4 x 8 Stunden.
7. Zwischen den einzelnen Räuchergängen sind Räucherpausen von mindestens 8 Stunden einzulegen in denen das Fleisch „ruhen“ kann.
8. Danach hängt man das Bauerngeräucherte zum Nachreifen in einen 8 -12°C kühlen Raum.
9. Die Reifezeit sollte mindestens der zurückliegenden Räucherdauer entsprechen.

Kernschinken

Material
Schweineoberschale

Zutaten je kg Fleisch
40 g Meersalz
2 g Traubenzucker
2 g Rohrzucker
2 g weißer Pfeffer
1 g Koriander, gemahlen
1 g Paprika, edelsüß
1 g Zwiebelpulver

oder

Zutaten je kg Fleisch
30 g Meersalz
10 g Nitritpökelsalz
2 g Traubenzucker
2 g Rohrzucker
2 g weißer Pfeffer
1 g Koriander, gemahlen
1 g Paprika, edelsüß
1 g Zwiebelpulver

Zubereitung

1. Alle Zutaten miteinander vermischen und die Schweineoberschale gut mit der Salz- oder Pökelsalzmischung einreiben.

2. Dann die Oberschale ein geeignetes Gefäß legen und, je nach Fleischdicke, ca. 8-10 Tage in einen ca. 5°C kühlen Raum oder in den Kühlschrank stellen.

3. Anschließend das Salz abreiben und das Fleisch einige Tage zum Durchbrennen in einen ca. 10°C kühlen Raum stellen oder hängen.

4. Nach dem Durchbrennen das Fleisch 2-4 Stunden in kaltem Wasser wässern, dann 3 Tage zum Trocknen aufhängen und anschließend im Kaltrauch räuchern.

5. Die Räucherdauer ist abhängig von der Außen- und Räuchertemperatur und beträgt ca. 5 x 8 Stunden.

6. Zwischen den einzelnen Räuchergängen sind Räucherpausen von mindestens 8 Stunden einzulegen in denen das Fleisch „ruhen“ kann.

7. Anschließend hängt man den Kernschinken zum Nachreifen in einen 8-12°C kühlen Raum.

8. Die Reifezeit sollte mindestens der zurückliegenden Räucherdauer entsprechen.

Spaltschinken

Material

Schweineunterschale
ohne Schwarte

Zutaten je kg Fleisch

40 g Meersalz
2 g Traubenzucker
2 g Rohrzucker
3 g schwarzer Pfeffer
1 g Knoblauchpulver

oder

Zutaten je kg Fleisch

30 g Meersalz
10 g Nitritpökelsalz
2 g Traubenzucker
2 g Rohrzucker
3 g schwarzer Pfeffer
1 g Knoblauchpulver

Zubereitung

1. Alle Zutaten miteinander vermischen und das Fleisch gut mit der Salz- oder Pökelsalzmischung einreiben.

2. Dann die Unterschale in ein geeignetes Gefäß legen und, je nach Fleischdicke, ca. 5-6 Tage in einen ca. 5°C kühlen Raum oder in den Kühlschrank stellen.

3. Anschließend das Salz abreiben und das Fleisch einige Tage zum Durchbrennen in einen ca. 10°C kühlen Raum stellen oder hängen.

4. Nach dem Durchbrennen das Fleisch 2-4 Stunden in kaltem Wasser wässern, dann 3 Tage zum Trocknen aufhängen und anschließend im Kaltrauch räuchern.

5. Die Räucherdauer ist abhängig von der Außen- und Räuchertemperatur und beträgt ca. 5 x 8 Stunden.

6. Zwischen den einzelnen Räuchergängen sind Räucherpausen von mindestens 8 Stunden einzulegen in denen das Fleisch „ruhen“ kann.

7. Danach hängt man den Spaltschinken zum Nachreifen in einen 8 -12°C kühlen Raum.

8. Die Reifezeit sollte mindestens der zurückliegenden Räucherdauer entsprechen.

Landschinken

Material
Schweineoberschale

Zutaten je kg Fleisch
35 g Nitritpökelsalz
4 g Rohrzucker
2 g schwarzer Pfeffer
1 g Rosmarin, getrocknet
1 g Koriander, gemahlen
1 g Zwiebelpulver

Zubereitung

1. Alle Zutaten miteinander vermischen und die Schweineoberschale gut mit der Pökelsalzmischung einreiben.

2. Dann wird das Fleisch in einen oder mehrere Folienbeutel gepackt und der Beutel mit einem Vakuumiergerät luftdicht verschlossen.

3. Das Fleisch anschließend, je nach Fleischdicke, 8-10 Tage in den Kühlschrank legen und den/die Beutel dabei täglich wenden.

4. Nach dem Pökeln die Oberschale aus dem Folienbeutel nehmen, kurz unter fließend kaltem Wasser abwaschen und trocken tupfen.

5. Anschließend hängt man sie 3 Tage zum Trocknen auf und räuchert sie dann im Kaltrauch.

6. Die Räucherdauer ist abhängig von der Außen- und Räuchertemperatur und beträgt ca. 4 x 8 Stunden.

7. Zwischen den einzelnen Räuchergängen sind Räucherpausen von mindestens 8 Stunden einzulegen in denen das Fleisch „ruhen“ kann.

8. Danach hängt man den Landschinken zum Nachreifen in einen 8 -12°C kühlen Raum.

9. Die Reifezeit sollte mindestens der zurückliegenden Räucherdauer entsprechen.

Schinkenspeck

Material
Schweinehüfte

Zutaten je kg Fleisch
35 g Meersalz
2 g Traubenzucker
2 g Rohrzucker

oder

Zutaten je kg Fleisch
27 g Meersalz
8 g Nitritpökelsalz
2 g Traubenzucker
2 g Rohrzucker

Zubereitung

1. Alle Zutaten miteinander vermischen und das Fleisch gut mit der Salz- oder Pökelsalzmischung einreiben.

2. Dann die Schweinehüfte in ein geeignetes Gefäß legen und, je nach Fleischdicke, ca. 4-5 Tage in einen ca. 5°C kühlen Raum oder in den Kühlschrank stellen.

3. Anschließend das Salz abreiben und das Fleisch einige Tage zum Durchbrennen in einen ca. 10°C kühlen Raum stellen oder hängen.

4. Nach dem Durchbrennen das Fleisch 2-4 Stunden in kaltem Wasser wässern, dann 3 Tage zum Trocknen aufhängen und anschließend im Kaltrauch räuchern.

5. Die Räucherdauer ist abhängig von der Außen- und Räuchertemperatur und beträgt ca. 3 x 8 Stunden.

6. Zwischen den einzelnen Räuchergängen sind Räucherpausen von mindestens 8 Stunden einzulegen in denen das Fleisch „ruhen“ kann.

7. Danach hängt man den Schinkenspeck zum Nachreifen in einen 8 -12°C kühlen Raum.

8. Die Reifezeit sollte mindestens der zurückliegenden Räucherdauer entsprechen.

Geräucherter Speck

Material
Rückenspeck mit Schwarte

Zutaten je kg Fleisch
35 g Steinsalz

Zubereitung

1. Den Rückenspeck gut mit dem Steinsalz einreiben.
2. Dann den Speck in ein geeignetes Gefäß legen und, je nach Fleischdicke, ca. 3-4 Tage in einen ca. 5°C kühlen Raum oder in den Kühlschrank stellen.
3. Danach den Speck kurz mit lauwarmen Wasser abwaschen und trocken tupfen.
4. Anschließend hängt man ihn 3 Tage zum Trocknen auf und räuchert sie dann im Kaltrauch.
5. Die Räucherdauer ist abhängig von der Außen- und Räuchertemperatur und beträgt ca. 3 x 8 Stunden.
6. Zwischen den einzelnen Räuchergängen sind Räucherpausen von mindestens 8 Stunden einzulegen in denen das Fleisch „ruhen" kann.
7. Danach hängt man den Geräucherten Speck zum Nachreifen in einen 8 -12°C kühlen Raum.
8. Die Reifezeit sollte mindestens der zurückliegenden Räucherdauer entsprechen.

Kräuterspeck

Material

Rückenspeck ohne Schwarte

Zutaten je kg Fleisch

35 g Steinsalz
1 g Majoran, gerebelt
1 g Schnittlauch,gerebelt
1 g Petersilie, gerebelt
1 g Liebstöckel, gerebelt

Zubereitung

1. Den Rückenspeck gut mit der Steinsalz-Kräutermischung einreiben.

2. Dann den Speck in ein geeignetes Gefäß legen und, je nach Fleischdicke, ca. 3-4 Tage in einen ca. 5°C kühlen Raum oder in den Kühlschrank stellen.

3. Danach den Speck kurz mit lauwarmen Wasser abwaschen und trocken tupfen.

4. Anschließend hängt man ihn 3 Tage zum Trocknen auf und räuchert sie dann im Kaltrauch.

5. Die Räucherdauer ist abhängig von der Außen- und Räuchertemperatur und beträgt ca. 3 x 8 Stunden.

6. Zwischen den einzelnen Räuchergängen sind Räucherpausen von mindestens 8 Stunden einzulegen in denen das Fleisch „ruhen“ kann.

7. Danach hängt man den Kräuterspeck zum Nachreifen in einen 8 -12°C kühlen Raum.

8. Die Reifezeit sollte mindestens der zurückliegenden Räucherdauer entsprechen.

Feiner Bauchspeck

Material
Schweinebauch ohne Knochen

Zutaten je kg Fleisch
35 g Meersalz
2 g Traubenzucker
2 g Rohrzucker
2 g weißer Pfeffer
1 g Knoblauchpulver
1 g Koriander, gemahlen
1 g Ingwer, gemahlen

oder

Zutaten je kg Fleisch
27 g Meersalz
8 g Nitritpökelsalz
2 g Traubenzucker
2 g Rohrzucker
2 g weißer Pfeffer
1 g Knoblauchpulver
1 g Koriander, gemahlen
1 g Ingwer, gemahlen

Zubereitung

1. Alle Zutaten miteinander vermischen und den Schweinebauch gut mit der Salz- oder Pökelsalzmischung einreiben.

2. Dann den Schweinebauch in ein geeignetes Gefäß legen und, je nach Fleischdicke, 3-4 Tage in einen ca. 5°C kühlen Raum oder in den Kühlschrank stellen.

3. Anschließend das Salz abreiben und das Fleisch einige Tage zum Durchbrennen in einen ca. 10°C kühlen Raum stellen oder hängen.

4. Nach dem Durchbrennen das Fleisch 1-2 Stunden in kaltem Wasser wässern, dann 3 Tage zum Trocknen aufhängen und anschließend im Kaltrauch räuchern.

5. Die Räucherdauer ist abhängig von der Außen- und Räuchertemperatur und beträgt ca. 3 x 8 Stunden.

6. Zwischen den einzelnen Räuchergängen sind Räucherpausen von mindestens 8 Stunden einzulegen in denen das Fleisch „ruhen“ kann.

7. Anschließend hängt man den Bauchspeck zum Nachreifen in einen 8-12°C kühlen Raum.

8. Die Reifezeit sollte mindestens der zurückliegenden Räucherdauer entsprechen.

Kümmelbauch

Material

Schweinebauch ohne Knochen

Zutaten je kg Fleisch

35 g Meersalz
2 g Traubenzucker
2 g Rohrzucker
5 g Kümmel, gemahlen
1 g Koriander, gemahlen
2 Wachoderbeeren, zerstoßen

oder

Zutaten je kg Fleisch

27 g Meersalz
8 g Nitritpökelsalz
2 g Traubenzucker
2 g Rohrzucker
5 g Kümmel, gemahlen
1 g Koriander, gemahlen
2 Wacholderbeeren, zerstoßen

Zubereitung

1. Alle Zutaten miteinander vermischen und den Schweinebauch gut mit der Salz- oder Pökelsalzmischung einreiben.

2. Dann den Schweinebauch in ein geeignetes Gefäß legen und, je nach Fleischdicke, 3-4 Tage in einen ca. 5°C kühlen Raum oder in den Kühlschrank stellen.

3. Anschließend das Salz abreiben und das Fleisch einige Tage zum Durchbrennen in einen ca. 10°C kühlen Raum stellen oder hängen.

4. Nach dem Durchbrennen das Fleisch 1-2 Stunden in kaltem Wasser wässern, dann 3 Tage zum Trocknen aufhängen und anschließend im Kaltrauch räuchern.

5. Die Räucherdauer ist abhängig von der Außen- und Räuchertemperatur und beträgt ca. 3 x 8 Stunden.

6. Zwischen den einzelnen Räuchergängen sind Räucherpausen von mindestens 8 Stunden einzulegen in denen das Fleisch „ruhen“ kann.

7. Anschließend hängt man den Kümmelbauch zum Nachreifen in einen 8-12°C kühlen Raum.

8. Die Reifezeit sollte mindestens der zurückliegenden Räucherdauer entsprechen.

Herzhafter Rinderschinken

Material

Rinderunterschale

Lakestärke: 10 %

Zutaten je Liter Lake

2 g Brauner Rohrzucker
4 g schwarzer Pfeffer
1 g Koriander, gemahlen
3 Wacholderbeeren

Zubereitung

1. Durch das Einrühren von Nitritpökelsalz in Wasser eine 10%ige Lake herstellen. Die genauen Mischungsverhältnisse sind in der Laketabelle auf Seite 24 aufgeführt. Es muss so viel Lake hergestellt werden, dass das Fleisch später gut bedeckt ist.

2. Dann alle Zutaten mit einem Teil der Lake ca. 2 Minuten aufkochen, den sich eventuell gebildeten Schaum abschöpfen und die Lake nach dem Abkühlen wieder der Gesamtlake beirühren.

3. Die Unterschale in ein geeignetes Gefäß legen, mit der Lake übergießen und zum Pökeln in einen 5°C kühlen Raum oder in den Kühlschrank stellen. Die Pökeldauer beträgt je kg Fleisch ca. 8 Tage.

4. Nach dem Pökeln die Unterschale kurz unter kaltem Wasser abspülen, trocken tupfen und ca. 3 Tage zum Trocknen aufhängen.

5. Anschließend wird der Herzhafte Rinderschinken ca. 4 x 8 Stunden geräuchert, wobei Räucherpausen von mindestens 8 Stunden einzulegen sind, in denen das Fleisch „ruhen“ kann.

6. Danach hängt man den Schinken zum Nachreifen in einen 8 -12°C kühlen Raum.

7. Die Reifezeit sollte mindestens der zurückliegenden Räucherdauer entsprechen.

Semerschinken

Material

Semerrolle ohne Fett

Zutaten je kg Fleisch

40 g Meersalz
2,0 g Traubenzucker
2,0 g Rohrzucker
2,0 g schwarzer Pfeffer
0,5 g Koriander, gemahlen
0,3 g Macis, gemahlen

oder

Zutaten je kg Fleisch

30 g Meersalz
10 g Nitritpökelsalz
2,0 g Traubenzucker
2,0 g Rohrzucker
2,0 g schwarzer Pfeffer
0,5 g Koriander, gemahlen
0,3 g Macis, gemahlen

Zubereitung

1. Alle Zutaten miteinander vermischen und die Semerrolle gut mit der Salz- oder Pökelsalzmischung einreiben.

2. Dann das Fleisch ein geeignetes Gefäß legen und, je nach Fleischdicke, ca. 4-5 Tage in einen ca. 5°C kühlen Raum oder in den Kühlschrank stellen.

3. Anschließend das Salz abreiben und das Fleisch einige Tage zum Durchbrennen in einen ca. 10°C kühlen Raum stellen oder hängen.

4. Nach dem Durchbrennen das Fleisch 2-4 Stunden in kaltem Wasser wässern, dann 3 Tage zum Trocknen aufhängen und anschließend im Kaltrauch räuchern.

5. Die Räucherdauer ist abhängig von der Außen- und Räuchertemperatur und beträgt ca. 3 x 8 Stunden.

6. Zwischen den einzelnen Räuchergängen sind Räucherpausen von mindestens 8 Stunden einzulegen in denen das Fleisch „ruhen“ kann.

7. Anschließend hängt man den Schinken zum Nachreifen in einen 8-12°C kühlen Raum.

8. Die Reifezeit sollte mindestens der zurückliegenden Räucherdauer entsprechen.

Rauchfleisch vom Rind

Material

Rinderunterschale

Lakestärke: 10 %

Zutaten je Liter Lake

3	Senfkörner
2	Koriandersamen
2	Pfefferkörner
½	Lorbeerblatt
25 ml	Rotwein, feinherb

Zubereitung

1. Durch das Einrühren von Nitritpökelsalz in Wasser eine 10%ige Lake herstellen. Die genauen Mischungsverhältnisse sind in der Laketabelle auf Seite 24 aufgeführt. Es muss so viel Lake hergestellt werden, dass das Fleisch später gut bedeckt ist.

2. Dann alle Zutaten, außer dem Rotwein, mit einem Teil der Lake ca.2 Minuten aufkochen, und den sich eventuell gebildeten Schaum abschöpfen.

3. Wenn die Lake bis auf Handtemperatur abgekühlt ist den Rotwein einrühren und danach alles wieder der Gesamtlake beirühren.

4. Die Unterschale in ein geeignetes Gefäß legen, mit der Lake übergießen und zum Pökeln in einen 5°C kühlen Raum oder in den Kühlschrank stellen. Die Pökeldauer beträgt je kg Fleisch ca. 8 Tage.

5. Nach dem Pökeln die Unterschale kurz unter kaltem Wasser abspülen, trocken tupfen und ca. 3 Tage zum Trocknen aufhängen.

6. Anschließend wird das Rauchfleisch ca. 4 x 8 Stunden geräuchert, wobei Räucherpausen von mindestens 8 Stunden einzulegen sind, in denen das Fleisch „ruhen“ kann.

7. Danach hängt man den Schinken zum Nachreifen in einen 8 -12°C kühlen Raum.

Knüppelschinken

Material

Rindertafelspitz
ohne Fett

Zutaten je kg Fleisch

40 g Meersalz
2 g Traubenzucker
2 g Rohrzucker
2 g weißer Pfeffer
1 g Koriander, gemahlen
½ Lorbeerblatt, fein gehackt

oder

Zutaten je kg Fleisch

30 g Meersalz
10 g Nitritpökelsalz
2 g Traubenzucker
2 g Rohrzucker
2 g weißer Pfeffer
1 g Koriander, gemahlen
½ Lorbeerblatt, fein gehackt

Zubereitung

1. Alle Zutaten miteinander vermischen und den Rindertafelspitz gut mit der Salz- oder Pökelsalzmischung einreiben.

2. Dann das Fleisch in ein geeignetes Gefäß legen und, je nach Fleischdicke, 5-6 Tage in einen ca. 5°C kühlen Raum oder in den Kühlschrank stellen.

3. Anschließend das Salz abreiben und den Tafelspitz einige Tage zum Durchbrennen in einen ca. 10°C kühlen Raum stellen oder hängen.

4. Nach dem Durchbrennen das Fleisch 2-4 Stunden in kaltem Wasser wässern, dann 3 Tage zum Trocknen aufhängen und anschließend im Kaltrauch räuchern.

5. Die Räucherdauer ist abhängig von der Außen- und Räuchertemperatur und beträgt ca. 3 x 8 Stunden.

6. Zwischen den einzelnen Räuchergängen sind Räucherpausen von mindestens 8 Stunden einzulegen in denen das Fleisch „ruhen“ kann.

7. Anschließend hängt man den Knüppelschinken zum Nachreifen in einen 8-12°C kühlen Raum.

8. Die Reifezeit sollte mindestens der zurückliegenden Räucherdauer entsprechen.

Schinken aus der Rindernuss

Material
Rindernuss

Zutaten je kg Fleisch
35 g Nitritpökelsalz
4 g Rohrzucker
2 g weißer Pfeffer
1 g Koriander, gemahlen
1 g Zwiebelpulver

Zubereitung

1. Alle Zutaten miteinander vermischen und die Rindernuss gut mit der Pökelsalzmischung einreiben.
2. Dann wird das Fleisch in einen Folienbeutel gepackt und der Beutel mit Hilfe eines Vakuumiergeräts luftdicht verschlossen.
3. Die Nuss anschließend, je nach Fleischdicke, 8-10 Tage in den Kühlschrank legen und den Folienbeutel dabei täglich wenden.
4. Nach dem Pökeln das Fleisch aus dem Folienbeutel nehmen, kurz unter fließend kaltem Wasser abwaschen und trocken tupfen.
5. Anschließend hängt man die Nuss 3 Tage zum Trocknen auf und räuchert sie dann im Kaltrauch.
6. Die Räucherdauer ist abhängig von der Außen- und Räuchertemperatur und beträgt ca. 5 x 8 Stunden.
7. Zwischen den einzelnen Räuchergängen sind Räucherpausen von mindestens 8 Stunden einzulegen in denen das Fleisch „ruhen“ kann.
8. Danach hängt man den Schinken zum Nachreifen in einen 8 -12°C kühlen Raum.
9. Die Reifezeit sollte mindestens der zurückliegenden Räucherdauer entsprechen.

Italienischer Rinderschinken

Material
Rinderhüfte

Lakestärke: 10 %

Zutaten je Liter Lake

2 g Brauner Rohrzucker
1 g Liebstöckel, gemahlen
1 g Thymian, gemahlen
1 g Chilipulver
1 g Orangenschale, gemahlen

Zubereitung

1. Durch das Einrühren von Nitritpökelsalz in Wasser eine 10%ige Lake herstellen. Die genauen Mischungsverhältnisse sind in der Laketabelle auf Seite 24 aufgeführt. Es muss so viel Lake hergestellt werden, dass das Fleisch später gut bedeckt ist.

2. Dann alle Zutaten mit einem Teil der Lake ca. 2 Minuten aufkochen, den sich eventuell gebildeten Schaum abschöpfen und die Lake nach dem Abkühlen wieder der Gesamtlake beirühren.

3. Die Rinderhüfte in ein geeignetes Gefäß legen, mit der Lake übergießen und zum Pökeln in einen 5°C kühlen Raum oder in den Kühlschrank stellen. Die Pökeldauer beträgt je kg Fleisch ca. 8 Tage.

4. Nach dem Pökeln das Fleisch kurz unter kaltem Wasser abspülen, trocken tupfen und ca. 3 Tage zum Trocknen aufhängen.

5. Anschließend wird der Italienische Rinderschinken ca. 4 x 8 Stunden geräuchert, wobei Räucherpausen von mindestens 8 Stunden einzulegen sind, in denen das Fleisch „ruhen“ kann.

6. Danach hängt man den Schinken zum Nachreifen in einen 8 -12°C kühlen Raum.

7. Die Reifezeit sollte mindestens der zurückliegenden Räucherdauer entsprechen.

Kalbsfiletschinken

Material
Kalbsfilet

Lakestärke: 8 %

Zutaten je Liter Lake

2 g Brauner Rohrzucker
4 g schwarzer Pfeffer
1 g Koriander, gemahlen
3 Wacholderbeeren

Zubereitung

1. Durch das Einrühren von Nitritpökelsalz in Wasser eine 8%ige Lake herstellen. Die genauen Mischungsverhältnisse sind in der Laketabelle auf Seite 24 aufgeführt. Es muss so viel Lake hergestellt werden, dass das Fleisch später gut bedeckt ist.

2. Dann alle Zutaten mit einem Teil der Lake ca. 2 Minuten aufkochen, den sich eventuell gebildeten Schaum abschöpfen und die Lake nach dem Abkühlen wieder der Gesamtlake beirühren.

3. Das Kalbsfilet in ein geeignetes Gefäß legen, mit der Lake übergießen und zum Pökeln in einen 5°C kühlen Raum oder in den Kühlschrank stellen. Die Pökeldauer beträgt je kg Fleisch ca. 8 Tage.

4. Nach dem Pökeln das Kalbsfilet kurz unter kaltem Wasser abspülen, trocken tupfen und ca. 3 Tage zum Trocknen aufhängen.

5. Anschließend wird der Kalbsfiletschinken ca. 4 x 8 Stunden geräuchert, wobei Räucherpausen von mindestens 8 Stunden einzulegen sind, in denen das Fleisch „ruhen“ kann.

6. Danach hängt man den Schinken zum Nachreifen in einen 8 -12°C kühlen Raum.

7. Die Reifezeit sollte mindestens der zurückliegenden Räucherdauer entsprechen.

Kalbsschinken „Provence“

Material
Kalbsunterschale

Zutaten je kg Fleisch

35 g Nitritpökelsalz
4 g Rohrzucker
2 g weißer Pfeffer
1 g Basilikum, gemahlen
1 g Rosmarin, gemahlen
1 g Oregano, gemahlen

Zubereitung

1. Alle Zutaten miteinander vermischen und die Unterschale gut mit der Pökelsalzmischung einreiben.

2. Dann wird das Fleisch in einen Folienbeutel gepackt und der Beutel mit Hilfe eines Vakuumiergeräts luftdicht verschlossen.

3. Die Kalbsunterschale anschließend, je nach Fleischdicke, 7-9 Tage in den Kühlschrank legen und den Folienbeutel täglich wenden.

4. Nach dem Pökeln das Fleisch aus dem Folienbeutel nehmen, kurz unter fließend kaltem Wasser abwaschen und trocken tupfen.

5. Anschließend hängt man die Unterschale 3 Tage zum Trocknen auf und räuchert sie dann im Kaltrauch.

6. Die Räucherdauer ist abhängig von der Außen- und Räuchertemperatur und beträgt ca. 5 x 8 Stunden.

7. Zwischen den einzelnen Räuchergängen sind Räucherpausen von mindestens 8 Stunden einzulegen in denen das Fleisch „ruhen“ kann.

8. Danach hängt man den Kalbsschinken zum Nachreifen in einen 8 -12°C kühlen Raum.

9. Die Reifezeit sollte mindestens der zurückliegenden Räucherdauer entsprechen.

Barbecue-Schinken

Material
Rinderhüfte

Zutaten je kg Fleisch

35 g Nitritpökelsalz
4 g Rohrzucker
3 g smoked Paprika süß
1 g Koriander, gemahlen
1 g Chilipulver

Zubereitung

1. Alle Zutaten miteinander vermischen und die Rinderhüfte gut mit der Pökelsalzmischung einreiben.

2. Dann wird das Fleisch in einen Folienbeutel gepackt und der Beutel mit Hilfe eines Vakumiergeräts luftdicht verschlossen.

3. Die Hüfte anschließend,je nach Fleischdicke, 5-7 Tage in den Kühlschrank legen und den Folienbeutel dabei täglich wenden.

4. Nach dem Pökeln das Fleisch aus dem Folienbeutel nehmen, kurz unter fließend kaltem Wasser abwaschen und trocken tupfen.

5. Anschließend hängt man die Rinderhüfte 3 Tage zum Trocknen auf und räuchert sie dann im Kaltrauch.

6. Die Räucherdauer ist abhängig von der Außen- und Räuchertemperatur und beträgt ca. 4 x 8 Stunden.

7. Zwischen den einzelnen Räuchergängen sind Räucherpausen von mindestens 8 Stunden einzulegen in denen das Fleisch „ruhen“ kann.

8. Danach hängt man den Barbecue-Schinken zum Nachreifen in einen 8 -12°C kühlen Raum

9. Die Reifezeit sollte mindestens der zurückliegenden Räucherdauer entsprechen.

Texasschinken

Material
Entrecôte

Zutaten je kg Fleisch
40 g Meersalz
2 g Traubenzucker
2 g Rohrzucker
2 g weißer Pfeffer
1 g Knoblauchpulver
1 g Paprika, edelsüß
1 g Macis, gemahlen

oder

Zutaten je kg Fleisch
30 g Meersalz
10 g Nitritpökelsalz
2 g Traubenzucker
2 g Rohrzucker
2 g weißer Pfeffer
1 g Knoblauchpulver
1 g Paprika, edelsüß
1 g Macis, gemahlen

Zubereitung

1. Alle Zutaten miteinander vermischen und das Fleisch gut mit der Salz- oder Pökelsalzmischung einreiben.

2. Dann das Entrecôte in ein geeignetes Gefäß legen und, je nach Fleischdicke, ca. 5-6 Tage in einen ca. 5°C kühlen Raum oder in den Kühlschrank stellen.

3. Anschließend das Salz abreiben und das Fleisch einige Tage zum Durchbrennen in einen ca. 10°C kühlen Raum stellen oder hängen.

4. Nach dem Durchbrennen das Entrecôte 2-4 Stunden in kaltem Wasser wässern, dann 3 Tage zum Trocknen aufhängen und anschließend im Kaltrauch räuchern.

5. Die Räucherdauer ist abhängig von der Außen- und Räuchertemperatur und beträgt ca. 4 x 8 Stunden.

6. Zwischen den einzelnen Räuchergängen sind Räucherpausen von mindestens 8 Stunden einzulegen in denen das Fleisch „ruhen“ kann.

7. Danach hängt man den Texasschinken zum Nachreifen in einen 8 -12°C kühlen Raum.

8. Die Reifezeit sollte mindestens der zurückliegenden Räucherdauer entsprechen.

Rohschinken vom Hirsch

Material

Hirschkeule ohne Knochen

Lakestärke: 10 %

Zutaten je Liter Lake

2 g Brauner Rohrzucker
2 g Rosmarin, getrocknet
1 g Koriander, gemahlen
1 g Nelken, ganz

Zubereitung

1. Durch das Einrühren von Nitritpökelsalz in Wasser eine 10%ige Lake herstellen. Die genauen Mischungsverhältnisse sind in der Laketabelle auf Seite 24 aufgeführt. Es muss so viel Lake hergestellt werden, dass das Fleisch später gut bedeckt ist.

2. Dann alle Zutaten mit einem Teil der Lake ca. 2 Minuten aufkochen, den sich eventuell gebildeten Schaum abschöpfen und die Lake nach dem Abkühlen wieder der Gesamtlake beirühren.

3. Die Hirschkeule in ein geeignetes Gefäß legen, mit der Lake übergießen und zum Pökeln in einen 5°C kühlen Raum oder in den Kühlschrank stellen. Die Pökeldauer beträgt je kg Fleisch ca. 8 Tage.

4. Nach dem Pökeln die Keule kurz unter kaltem Wasser abspülen, trocken tupfen und ca. 3 Tage zum Trocknen aufhängen.

5. Anschließend wird der Rohschinken vom Hirsch ca. 4 x 8 Stunden geräuchert, wobei Räucherpausen von mindestens 8 Stunden einzulegen sind, in denen das Fleisch „ruhen“ kann.

6. Danach hängt man den Rohschinken zum Nachreifen in einen 8 -12°C kühlen Raum.

7. Die Reifezeit sollte mindestens der zurückliegenden Räucherdauer entsprechen.

Pikantes Hirschfilet

Material
Hirschfilets

Zutaten je kg Fleisch

35 g Nitritpökelsalz
2,0 g Traubenzucker
2,0 g Rohrzucker
2,0 g Selleriepulver
0,5 g Muskat, gemahlen
0,5 g Piment, gemahlen

Zubereitung

1. Alle Zutaten miteinander vermischen und die Hirschfilets gut mit der Pökelsalzmischung einreiben.

2. Dann werden die Filets in einen oder mehrere Folienbeutel gepackt und die Beutel mit Hilfe eines Vakuumiergeräts luftdicht verschlossen.

3. Das Fleisch anschließend 4 Tage in den Kühlschrank legen und den/die Folienbeutel dabei täglich wenden.

4. Nach dem Pökeln die Hirschfilets aus den Folienbeuteln nehmen, kurz unter fließend kaltem Wasser abwaschen und trocken tupfen.

5. Anschließend hängt man sie 2 Tage zum Trocknen auf und räuchert sie dann im Kaltrauch.

6. Die Räucherdauer ist abhängig von der Außen- und Räuchertemperatur und beträgt ca. 3 x 8 Stunden.

7. Zwischen den einzelnen Räuchergängen sind Räucherpausen von mindestens 8 Stunden einzulegen in denen das Fleisch „ruhen“ kann.

8. Danach hängt man die Pikanten Hirschfilets zum Nachreifen in einen 8 -12°C kühlen Raum.

9. Die Reifezeit sollte mindestens der zurückliegenden Räucherdauer entsprechen.

Würziger Hirschschinken

Material
Hirschrücken ohne Knochen

Zutaten je kg Fleisch
40 g Meersalz
2,0 g Traubenzucker
2,0 g Rohrzucker
1,0 g Kümmel, gemahlen
0,5 g Piment, gemahlen
0,5 g Zimt,gemahlen
0,5 g Anis, gemahlen

oder

Zutaten je kg Fleisch
30 g Meersalz
10 g Nitritpökelsalz
2,0 g Traubenzucker
2,0 g Rohrzucker
1,0 g Kümmel, gemahlen
0,5 g Piment, gemahlen
0,5 g Zimt,gemahlen
0,5 g Anis, gemahlen

Zubereitung

1. Alle Zutaten miteinander vermischen und den Hirschrücken gut mit der Salz- oder Pökelsalzmischung einreiben.

2. Dann das Fleisch in ein geeignetes Gefäß legen und, je nach Fleischdicke, ca. 5-6 Tage in einen ca. 5°C kühlen Raum oder in den Kühlschrank stellen.

3. Anschließend das Salz abreiben und den Rücken einige Tage zum Durchbrennen in einen ca. 10°C kühlen Raum stellen oder hängen.

4. Nach dem Durchbrennen das Fleisch 1-2 Stunden in kaltem Wasser wässern, dann 3 Tage zum Trocknen aufhängen und anschließend im Kaltrauch räuchern.

5. Die Räucherdauer ist abhängig von der Außen- und Räuchertemperatur und beträgt ca. 4 x 8 Stunden.

6. Zwischen den einzelnen Räuchergängen sind Räucherpausen von mindestens 8 Stunden einzulegen in denen das Fleisch „ruhen“ kann.

7. Danach hängt man den Würzigen Hirschschinken zum Nachreifen in einen 8 -12°C kühlen Raum.

8. Die Reifezeit sollte mindestens der zurückliegenden Räucherdauer entsprechen.

Rehschinken

Material

Rehkeule ohne Knochen

Lakestärke: 10 %

Zutaten je Liter Lake

2,0 g Brauner Rohrzucker
2,0 g Rosmarin, getrocknet
1,0 g Nelken, gemahlen
0,5 g Macis, gemahlen
½ Knoblauchzehe

Zubereitung

1. Durch das Einrühren von Nitritpökelsalz in Wasser eine 10%ige Lake herstellen. Die genauen Mischungsverhältnisse sind in der Laketabelle auf Seite 24 aufgeführt. Es muss so viel Lake hergestellt werden, dass das Fleisch später gut bedeckt ist.

2. Dann alle Zutaten mit einem Teil der Lake ca. 2 Minuten aufkochen, den sich eventuell gebildeten Schaum abschöpfen und die Lake nach dem Abkühlen wieder der Gesamtlake beirühren.

3. Die Rehkeule in ein geeignetes Gefäß legen, mit der Lake übergießen und zum Pökeln in einen 5°C kühlen Raum oder in den Kühlschrank stellen. Die Pökeldauer beträgt je kg Fleisch ca. 8 Tage.

4. Nach dem Pökeln die Keule kurz unter kaltem Wasser abspülen, trocken tupfen und ca. 3 Tage zum Trocknen aufhängen.

5. Anschließend wird der Rehschinken ca. 4 x 8 Stunden geräuchert, wobei Räucherpausen von mindestens 8 Stunden einzulegen sind, in denen das Fleisch „ruhen" kann.

6. Danach hängt man den Schinken zum Nachreifen in einen 8 -12°C kühlen Raum.

7. Die Reifezeit sollte mindestens der zurückliegenden Räucherdauer entsprechen.

Karbonadenschinken vom Reh

Material

Rehrücken ohne Knochen

Zutaten je kg Fleisch

40 g Meersalz
2,0 g Traubenzucker
2,0 g Rohrzucker
1,0 g weißer Pfeffer
0,5 g Liebstöckel,gemahlen
0,5 g Koriander, gemahlen
0,5 g Piment, gemahlen

oder

Zutaten je kg Fleisch

30 g Meersalz
10 g Nitritpökelsalz
2,0 g Traubenzucker
2,0 g Rohrzucker
1,0 g weißer Pfeffer
0,5 g Liebstöckel,gemahlen
0,5 g Koriander, gemahlen
0,5 g Piment, gemahlen

Zubereitung

1. Alle Zutaten miteinander vermischen und den Rehrücken gut mit der Salz- oder Pökelsalzmischung einreiben.

2. Dann das Fleisch in ein geeignetes Gefäß legen und, je nach Fleischdicke, ca. 4-5 Tage in einen ca. 5°C kühlen Raum oder in den Kühlschrank stellen.

3. Anschließend das Salz abreiben und den Rehrücken einige Tage zum Durchbrennen in einen ca. 10°C kühlen Raum stellen oder hängen.

4. Nach dem Durchbrennen das Fleisch 1-2 Stunden in kaltem Wasser wässern, dann 3 Tage zum Trocknen aufhängen und anschließend im Kaltrauch räuchern.

5. Die Räucherdauer ist abhängig von der Außen- und Räuchertemperatur und beträgt ca. 3 x 8 Stunden.

6. Zwischen den einzelnen Räuchergängen sind Räucherpausen von mindestens 8 Stunden einzulegen in denen das Fleisch „ruhen“ kann.

7. Danach hängt man den Karbonadenschinken vom Reh zum Nachreifen in einen 8 -12°C kühlen Raum.

8. Die Reifezeit sollte mindestens der zurückliegenden Räucherdauer entsprechen.

Rustikale Reh-Räucherlinge

Material
Rehfilets

Lakestärke: 8 %

Zutaten je Liter Lake

2 g Brauner Rohrzucker
2 g weißer Pfeffer
1 g Koriander, gemahlen
3 Wacholderbeeren
½ Lorbeerblatt

Zubereitung

1. Durch das Einrühren von Nitritpökelsalz in Wasser eine 8%ige Lake herstellen. Die genauen Mischungsverhältnisse sind in der Laketabelle auf Seite 24 aufgeführt. Es muss so viel Lake hergestellt werden, dass das Fleisch später gut bedeckt ist.

2. Dann alle Zutaten mit einem Teil der Lake ca. 2 Minuten aufkochen, den sich eventuell gebildeten Schaum abschöpfen und die Lake nach dem Abkühlen wieder der Gesamtlake beirühren.

3. Die Rehfilets in ein geeignetes Gefäß legen, mit der Lake übergießen und zum Pökeln in einen 5°C kühlen Raum oder in den Kühlschrank stellen. Die Pökeldauer beträgt ca. 2 Tage.

4. Nach dem Pökeln die Rehfilets kurz unter kaltem Wasser abspülen, trocken tupfen und ca. 3 Tage zum Trocknen aufhängen.

5. Anschließend werden die Rustikalen Reh-. räucherlinge ca. 3 x 8 Stunden geräuchert, wobei Räucherpausen von mindestens 8 Stunden einzulegen sind, in denen das Fleisch „ruhen“ kann.

6. Danach hängt man die Räucherlinge zum Nachreifen in einen 8 -12°C kühlen Raum.

7. Die Reifezeit sollte mindestens der zurückliegenden Räucherdauer entsprechen.

Geräucherter Wildschweinrücken

Material

Wildschweinrücken
ohne Knochen

Zutaten je kg Fleisch

35 g Nitritpökelsalz
2,0 g Traubenzucker
2,0 g Rohrzucker
2,0 g Bunter Pfeffer,Pulver
0,5 g Ingwer, gemahlen
0,5 g Koriander,gemahlen
0,5 g Nelken, gemahlen

Zubereitung

1. Alle Zutaten miteinander vermischen und den zuvor geteilten Wildschweinrücken gut mit der Pökelsalzmischung einreiben.

2. Dann wird das Fleisch in einen oder mehrere Folienbeutel gepackt und die Beutel mit Hilfe eines Vakuumiergeräts luftdicht verschlossen.

3. Den Wildschweinrücken anschließend 4 Tage in den Kühlschrank legen und den/die Beutel dabei täglich wenden.

4. Nach dem Pökeln den Rücken aus den Beuteln nehmen, kurz unter fließend kaltem Wasser abwaschen und trocken tupfen.

5. Anschließend hängt man ihn 2 Tage zum Trocknen auf und räuchert ihn dann im Kaltrauch.

6. Die Räucherdauer ist abhängig von der Außen- und Räuchertemperatur und beträgt ca. 3 x 8 Stunden.

7. Zwischen den einzelnen Räuchergängen sind Räucherpausen von mindestens 8 Stunden einzulegen in denen das Fleisch „ruhen“ kann.

8. Danach hängt man den geräucherten Wildschweinrücken zum Nachreifen in einen 8 - 12°C kühlen Raum.

9. Die Reifezeit sollte mindestens der zurückliegenden Räucherdauer entsprechen.

Filetschinken vom Wildschwein

Material
Wildschweinfilets

Lakestärke: 8 %

Zutaten je Liter Lake

2 g Brauner Rohrzucker
2 g schwarzer Pfeffer
1 g Koriander, gemahlen
2 Wacholderbeeren

Zubereitung

1. Durch das Einrühren von Nitritpökelsalz in Wasser eine 8%ige Lake herstellen. Die genauen Mischungsverhältnisse sind in der Laketabelle auf Seite 24 aufgeführt. Es muss so viel Lake hergestellt werden, dass das Fleisch später gut bedeckt ist.

2. Dann alle Zutaten mit einem Teil der Lake ca. 2 Minuten aufkochen, den sich eventuell gebildeten Schaum abschöpfen und die Lake nach dem Abkühlen wieder der Gesamtlake beirühren.

3. Die Wildschweinfilets in ein geeignetes Gefäß legen,mit der Lake übergießen und zum Pökeln in einen 5°C kühlen Raum oder in den Kühlschrank stellen. Die Pökeldauer beträgt ca. 2 Tage.

4. Nach dem Pökeln das Fleisch kurz unter kaltem Wasser abspülen, trocken tupfen und ca. 3 Tage zum Trocknen aufhängen.

5. Anschließend wird der Filetschinken vom Wildschwein ca. 3 x 8 Stunden geräuchert, wobei Räucherpausen von mindestens 8 Stunden einzulegen sind, in denen das Fleisch „ruhen“ kann.

6. Danach hängt man den Filetschinken zum Nachreifen in einen 8 -12°C kühlen Raum.

7. Die Reifezeit sollte mindestens der zurückliegenden Räucherdauer entsprechen.

Chili-Ziegen-Schinken

Material

Ziegenkeule ohne Knochen

Zutaten je kg Fleisch

35 g Nitritpökelsalz
2,0 g Traubenzucker
2,0 g Rohrzucker
1,0 g Chiliflocken
0,5 g Koriander,gemahlen
0,5 g Ingwerpulver

Zubereitung

1. Alle Zutaten miteinander vermischen und die Ziegenkeule gut mit der Pökelsalzmischung einreiben.

2. Dann wird das Fleisch in einen Folienbeutel gepackt und der Beutel mit Hilfe eines Vakuumiergeräts luftdicht verschlossen.

3. Die Ziegenkeule anschließend, je nach Fleischdicke, 8-10 Tage in den Kühlschrank legen und dabei täglich wenden.

4. Nach dem Pökeln die Keule aus dem Beutel nehmen, kurz unter fließend kaltem Wasser abwaschen und trocken tupfen.

5. Anschließend hängt man die Ziegenkeule 3 Tage zum Trocknen auf und räuchert sie dann im Kaltrauch.

6. Die Räucherdauer ist abhängig von der Außen- und Räuchertemperatur und beträgt ca. 4 x 8 Stunden.

7. Zwischen den einzelnen Räuchergängen sind Räucherpausen von mindestens 8 Stunden einzulegen in denen das Fleisch „ruhen“ kann.

8. Danach hängt man den Chili-Ziegen-Schinken zum Nachreifen in einen 8 -12°C kühlen Raum.

9. Die Reifezeit sollte mindestens der zurückliegenden Räucherdauer entsprechen.

Delikatess-Ziegenschinken

Material

Ziegenrücken ohne Knochen

Zutaten je kg Fleisch

35 g Nitritpökelsalz
2,0 g Traubenzucker
2,0 g Rohrzucker
0,5 g Ingwerpulver
0,5 g Zwiebelpulver
0,5 g Wacholderbeeren, gemahlen

Zubereitung

1. Alle Zutaten miteinander vermischen und den Ziegenrücken gut mit der Pökelsalzmischung einreiben.

2. Dann wird das Fleisch in einen Folienbeutel gepackt und der Beutel mit Hilfe eines Vakuumiergeräts luftdicht verschlossen.

3. Den Ziegenrücken anschließend, je nach Fleischdicke, 4-5 Tage in den Kühlschrank legen und dabei täglich wenden.

4. Nach dem Pökeln den Rücken aus dem Folienbeutel nehmen, kurz unter fließend kaltem Wasser abwaschen und trocken tupfen.

5. Anschließend hängt man den Ziegenrücken 3 Tage zum Trocknen auf und räuchert ihn dann im Kaltrauch.

6. Die Räucherdauer ist abhängig von der Außen- und Räuchertemperatur und beträgt ca. 3 x 8 Stunden.

7. Zwischen den einzelnen Räuchergängen sind Räucherpausen von mindestens 8 Stunden einzulegen in denen das Fleisch „ruhen“ kann.

8. Danach hängt man den Delikatess-Ziegenschinken zum Nachreifen in einen 8 -12°C kühlen Raum.

9. Die Reifezeit sollte mindestens der zurückliegenden Räucherdauer entsprechen.

Aromatischer Ziegenschinken

Material

Ziegenrücken ohne Knochen

Lakestärke: 8 %

Zutaten je Liter Lake

2,0 g Brauner Rohrzucker
2,0 g Rosmarin, getrocknet
4 Senfkörner
2 Pfefferkörner
½ Knoblauchzehe

Zubereitung

1. Durch das Einrühren von Nitritpökelsalz in Wasser eine 8%ige Lake herstellen. Die genauen Mischungsverhältnisse sind in der Laketabelle auf Seite 24 aufgeführt. Es muss so viel Lake hergestellt werden, dass das Fleisch später gut bedeckt ist.

2. Dann alle Zutaten mit einem Teil der Lake ca. 2 Minuten aufkochen, den sich eventuell gebildeten Schaum abschöpfen und die Lake nach dem Abkühlen wieder der Gesamtlake beirühren.

3. Den Ziegenrücken in ein geeignetes Gefäß legen, mit der Lake übergießen und zum Pökeln in einen 5°C kühlen Raum oder in den Kühlschrank stellen. Die Pökeldauer beträgt ca. 2 Tage.

4. Nach dem Pökeln den Rücken kurz unter kaltem Wasser abspülen, trocken tupfen und ca. 3 Tage zum Trocknen aufhängen.

5. Anschließend wird der Aromatische Ziegenschinken ca. 3 x 8 Stunden geräuchert, wobei Räucherpausen von mindestens 8 Stunden einzulegen sind, in denen das Fleisch „ruhen“ kann.

6. Danach hängt man den Schinken zum Nachreifen in einen 8 -12°C kühlen Raum.

7. Die Reifezeit sollte mindestens der zurückliegenden Räucherdauer entsprechen.

Kümmel-Ziegen-Schinken

Material

Ziegenkeule ohne Knochen

Zutaten je kg Fleisch

40 g Meersalz
2,0 g Traubenzucker
2,0 g Rohrzucker
2,0 g Kümmel, gemahlen
1,0 g schwarzer Pfeffer
0,5 g Piment, gemahlen
0,5 g Macis, gemahlen

oder

Zutaten je kg Fleisch

30 g Meersalz
10 g Nitritpökelsalz
2,0 g Traubenzucker
2,0 g Rohrzucker
2,0 g Kümmel, gemahlen
1,0 g schwarzer Pfeffer
0,5 g Piment, gemahlen
0,5 g Macis, gemahlen

Zubereitung

1. Alle Zutaten miteinander vermischen und die Ziegenkeule gut mit der Salz- oder Pökelsalzmischung einreiben.

2. Dann das Fleisch in ein geeignetes Gefäß legen und, je nach Fleischdicke, ca. 8-10 Tage in einen ca. 5°C kühlen Raum oder in den Kühlschrank stellen.

3. Anschließend das Salz abreiben und die Ziegenkeule einige Tage zum Durchbrennen in einen ca. 10°C kühlen Raum stellen oder hängen.

4. Nach dem Durchbrennen das Fleisch 2-4 Stunden in kaltem Wasser wässern, dann 3 Tage zum Trocknen aufhängen und anschließend im Kaltrauch räuchern.

5. Die Räucherdauer ist abhängig von der Außen- und Räuchertemperatur und beträgt ca. 4 x 8 Stunden.

6. Zwischen den einzelnen Räuchergängen sind Räucherpausen von mindestens 8 Stunden einzulegen in denen das Fleisch „ruhen“ kann.

7. Danach hängt man den Kümmel-Ziegenschinken zum Nachreifen in einen 8 -12°C kühlen Raum.

8. Die Reifezeit sollte mindestens der zurückliegenden Räucherdauer entsprechen.

Fenchelschinken

Material

Ziegenrücken ohne Knochen

Zutaten je kg Fleisch

35 g Nitritpökelsalz
2,0 g Traubenzucker
2,0 g Rohrzucker
2,0 g Fenchel, gemahlen
1,0 g weißer Pfeffer

Zubereitung

1. Alle Zutaten miteinander vermischen und den Ziegenrücken gut mit der Pökelsalzmischung einreiben.

2. Dann wird das Fleisch in einen Folienbeutel gepackt und der Beutel mit Hilfe eines Vakuumiergeräts luftdicht verschlossen.

3. Den Ziegenrücken anschließend, je nach Fleischdicke, 4-5 Tage in den Kühlschrank legen und dabei täglich wenden.

4. Nach dem Pökeln den Rücken aus dem Folienbeutel nehmen, kurz unter fließend kaltem Wasser abwaschen und trocken tupfen.

5. Anschließend hängt man den Ziegenrücken 3 Tage zum Trocknen auf und räuchert ihn dann im Kaltrauch.

6. Die Räucherdauer ist abhängig von der Außen- und Räuchertemperatur und beträgt ca. 3 x 8 Stunden.

7. Zwischen den einzelnen Räuchergängen sind Räucherpausen von mindestens 8 Stunden einzulegen in denen das Fleisch „ruhen“ kann.

8. Danach hängt man den Fenchelschinken zum Nachreifen in einen 8 -12°C kühlen Raum.

9. Die Reifezeit sollte mindestens der zurückliegenden Räucherdauer entsprechen.

Rauchschinken vom Lamm

Material

Lammkeule ohne Knochen

Zutaten je kg Fleisch

40 g Meersalz
2,0 g Traubenzucker
2,0 g Rohrzucker
2,0 g Smoked Paprika
0,5 g Zwiebelpulver
0,3 g Muskat, gemahlen

oder

Zutaten je kg Fleisch

30 g Meersalz
10 g Nitritpökelsalz
2,0 g Traubenzucker
2,0 g Rohrzucker
2,0 g Smoked Paprika
0,5 g Zwiebelpulver
0,3 g Muskat, gemahlen

Zubereitung

1. Alle Zutaten miteinander vermischen und die Lammkeule gut mit der Salz- oder Pökelsalzmischung einreiben.

2. Dann das Fleisch ein geeignetes Gefäß legen und, je nach Fleischdicke, ca. 8-10 Tage in einen ca. 5°C kühlen Raum oder in den Kühlschrank stellen.

3. Anschließend das Salz abreiben und die Keule einige Tage zum Durchbrennen in einen ca. 10°C kühlen Raum stellen oder hängen.

4. Nach dem Durchbrennen das Fleisch 2-4 Stunden in kaltem Wasser wässern, dann 3 Tage zum Trocknen aufhängen und anschließend im Kaltrauch räuchern.

5. Die Räucherdauer ist abhängig von der Außen- und Räuchertemperatur und beträgt ca. 4 x 8 Stunden.

6. Zwischen den einzelnen Räuchergängen sind Räucherpausen von mindestens 8 Stunden einzulegen in denen das Fleisch „ruhen“ kann.

7. Anschließend hängt man den Rauchschinken zum Nachreifen in einen 8-12°C kühlen Raum.

8. Die Reifezeit sollte mindestens der zurückliegenden Räucherdauer entsprechen.

Oregano-Lamm-Schinken

Material

Lammrücken ohne Knochen

Zutaten je kg Fleisch

35 g Nitritpökelsalz
2,0 g Traubenzucker
2,0 g schwarzer Pfeffer
1,5 g Oregano, gemahlen
0,5 g Wacholderbeeren, gemahlen

Zubereitung

1. Alle Zutaten miteinander vermischen und den Lammrücken gut mit der Pökelsalzmischung einreiben.

2. Dann wird das Fleisch in einen Folienbeutel gepackt und der Beutel mit Hilfe eines Vakuumiergeräts luftdicht verschlossen.

3. Den Lammrücken anschließend, je nach Fleischdicke, 3-4 Tage in den Kühlschrank legen und dabei täglich wenden.

4. Nach dem Pökeln den Rücken aus dem Folienbeutel nehmen, kurz unter fließend kaltem Wasser abwaschen und trocken tupfen.

5. Anschließend hängt man den Lammrücken 3 Tage zum Trocknen auf und räuchert ihn dann im Kaltrauch.

6. Die Räucherdauer ist abhängig von der Außen- und Räuchertemperatur und beträgt ca. 3 x 8 Stunden.

7. Zwischen den einzelnen Räuchergängen sind Räucherpausen von mindestens 8 Stunden einzulegen in denen das Fleisch „ruhen“ kann.

8. Danach hängt man den Oregano-Lamm-Schinken zum Nachreifen in einen 8-12°C kühlen Raum.

9. Die Reifezeit sollte mindestens der zurückliegenden Räucherdauer entsprechen.

Lammschinken „Toscana“

Material

Lammkeule ohne Knochen

Lakestärke: 10 %

Zutaten je Liter Lake

30 g Chianti-Wein
2 Pfefferkörner
2 Wacholderbeeren
½ Lorbeerblatt

Zubereitung

1. Durch das Einrühren von Nitritpökelsalz in Wasser eine 10%ige Lake herstellen. Die genauen Mischungsverhältnisse sind in der Laketabelle auf Seite 24 aufgeführt. Es muss so viel Lake hergestellt werden, dass das Fleisch später gut bedeckt ist.

2. Dann alle Zutaten, außer dem Wein, mit einem Teil der Lake ca.2 Minuten aufkochen, den sich eventuell gebildeten Schaum abschöpfen und die Lake nach dem Abkühlen, zusammen mit dem Wein, wieder der Gesamtlake beirühren.

3. Die Keule in ein geeignetes Gefäß legen, mit der Lake übergießen und zum Pökeln in einen 5°C kühlen Raum oder in den Kühlschrank stellen. Die Pökeldauer beträgt je kg Fleisch ca. 8 Tage.

4. Nach dem Pökeln das Fleisch kurz unter kaltem Wasser abspülen, trocken tupfen und ca. 3 Tage zum Trocknen aufhängen.

5. Anschließend wird der Lammschinken „Toscana“ ca. 4 x 8 Stunden kalt geräuchert, wobei Räucherpausen von mindestens 8 Stunden einzulegen sind, in denen das Fleisch „ruhen“ kann.

6. Danach hängt man den Lammschinken zum Nachreifen in einen 8 -12°C kühlen Raum.

7. Die Reifezeit sollte mindestens der zurückliegenden Räucherdauer entsprechen.

Knoblauchschinken

Material

Lammkeule ohne Knochen

Zutaten je kg Fleisch

40 g Meersalz
2,0 g Traubenzucker
2,0 g Rohrzucker
1,5 g weißer Pfeffer
0,5 g Zwiebelpulver
1 Knoblauchzehe, gehackt

oder

Zutaten je kg Fleisch

30 g Meersalz
10 g Nitritpökelsalz
2,0 g Traubenzucker
2,0 g Rohrzucker
1,5 g weißer Pfeffer
0,5 g Zwiebelpulver
1 Knoblauchzehe, gehackt

Zubereitung

1. Alle Zutaten miteinander vermischen und die Lammkeule gut mit der Salz- oder Pökelsalzmischung einreiben.

2. Dann das Fleisch ein geeignetes Gefäß legen und, je nach Fleischdicke, ca. 8-10 Tage in einen ca. 5°C kühlen Raum oder in den Kühlschrank stellen.

3. Anschließend das Salz abreiben und die Keule einige Tage zum Durchbrennen in einen ca. 10°C kühlen Raum stellen oder hängen.

4. Nach dem Durchbrennen das Fleisch 2-4 Stunden in kaltem Wasser wässern, dann 3 Tage zum Trocknen aufhängen und anschließend im Kaltrauch räuchern.

5. Die Räucherdauer ist abhängig von der Außen- und Räuchertemperatur und beträgt ca. 4 x 8 Stunden.

6. Zwischen den einzelnen Räuchergängen sind Räucherpausen von mindestens 8 Stunden einzulegen in denen das Fleisch „ruhen“ kann.

7. Anschließend hängt man den Knoblauchschinken zum Nachreifen in einen 8-12°C kühlen Raum.

8. Die Reifezeit sollte mindestens der zurückliegenden Räucherdauer entsprechen.

Lamm-Curry-Schinken

Material
Lammrücken ohne Knochen

Zutaten je kg Fleisch
35 g Nitritpökelsalz
2,0 g Traubenzucker
1,5 g Currypulver
1,0 g schwarzer Pfeffer

Zubereitung

1. Alle Zutaten miteinander vermischen und den Lammrücken gut mit der Pökelsalzmischung einreiben.

2. Dann wird das Fleisch in einen Folienbeutel gepackt und der Beutel mit Hilfe eines Vakuumiergeräts luftdicht verschlossen.

3. Den Lammrücken anschließend, je nach Fleischdicke, 3-4 Tage in den Kühlschrank legen und dabei täglich wenden.

4. Nach dem Pökeln den Rücken aus dem Folienbeutel nehmen, kurz unter fließend kaltem Wasser abwaschen und trocken tupfen.

5. Anschließend hängt man den Lammrücken 3 Tage zum Trocknen auf und räuchert ihn dann im Kaltrauch.

6. Die Räucherdauer ist abhängig von der Außen- und Räuchertemperatur und beträgt ca. 3 x 8 Stunden.

7. Zwischen den einzelnen Räuchergängen sind Räucherpausen von mindestens 8 Stunden einzulegen in denen das Fleisch „ruhen“ kann.

8. Danach hängt man den Lamm-Curry-Schinken zum Nachreifen in einen 8-12°C kühlen Raum.

9. Die Reifezeit sollte mindestens der zurückliegenden Räucherdauer entsprechen.

Sachwortregister

Bildnachweis

- **Fotos von Tom Nagel:**
  Seite: 14, 19, 20, 23, 32, 33

- **Fotos von „Räucheröfen kaufen“ - Nischenmarkt, Franz Sendner, Luitpoldstraße 6, 97264 Helmstadt**
  Seite: 38

- **Fotos von „Bigstockphoto“:** Coverfotos Vorderseite
  Seite: 1, 3, 4, 5, 30, 31, 34, 35, 37, 39, 62, 73, 82, 88

Haftungsausschluss

Der Inhalt dieses Buches ist vom Autor unter größter Sorgfalt erarbeitet und überprüft worden. Dennoch kann für die gemachten Angaben keine Garantie übernommen werden und die juristische Haftung ist daher ausgeschlossen.
Die Umsetzung aller in diesem Buch enthaltenen Informationen erfolgt ausdrücklich auf eigenes Risiko. Rechts- und Schadensersatzansprüche sind daher ausgeschlossen.
Da Druckfehler und Falschinformationen nicht vollständig ausgeschlossen werden können, kann vom Autor für fehlerhafte Angaben und daraus entstandene Folgen auch keine juristische Verantwortung sowie Haftung in irgendeiner Form übernommen werden.